1870-1871

AU SIÈGE DE PARIS

LE 1ᶜʳ BATAILLON

DES

MOBILES DE LA SOMME

PAR

René de BOIVILLE

Adjudant-Major au Bataillon

ABBEVILLE

PAILLART, IMPRIMEUR-ÉDITEUR

—

1899

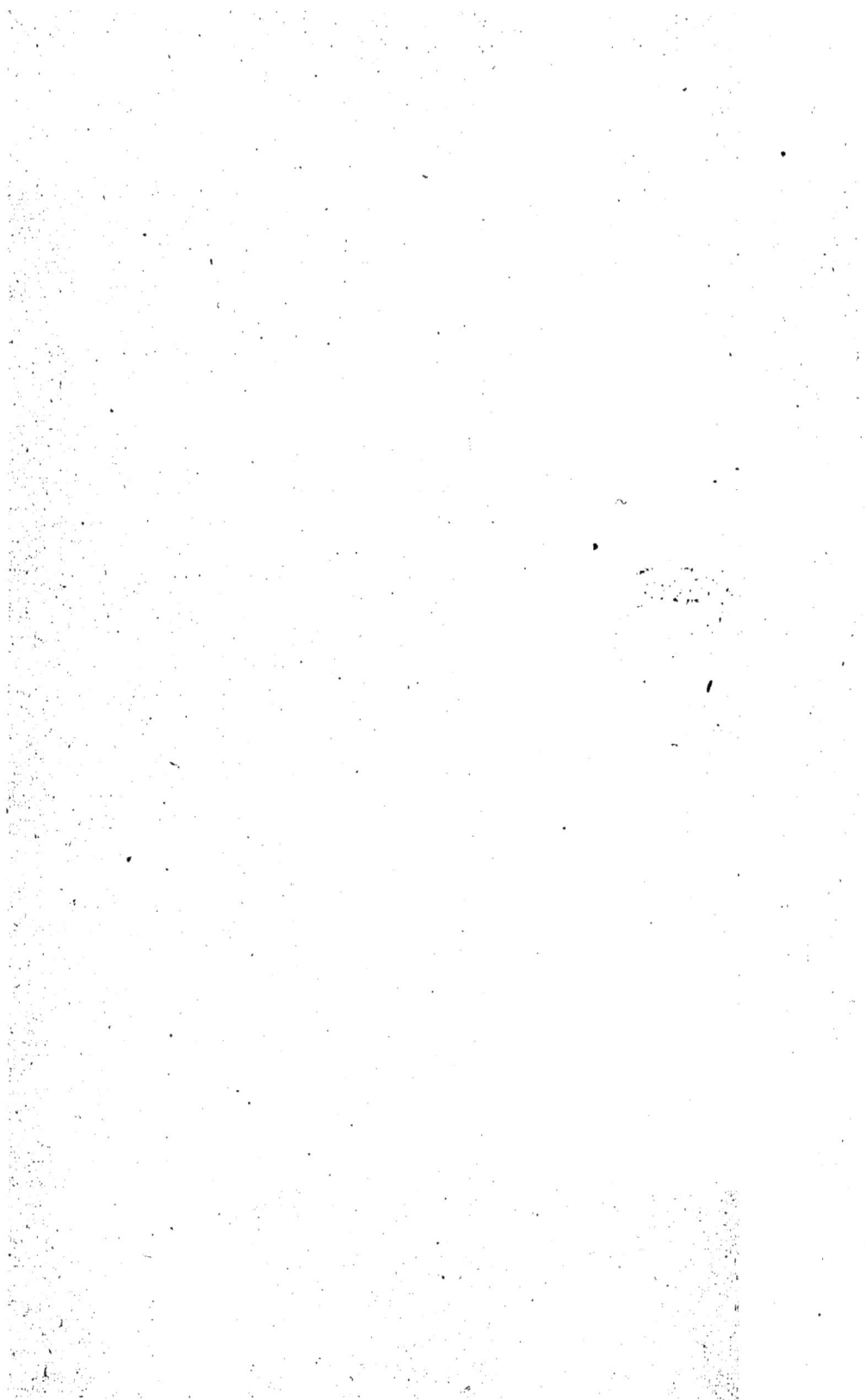

1870-1871

AU SIÈGE DE PARIS

LE 1er BATAILLON

DES

MOBILES DE LA SOMME

1870-1871

AU SIÈGE DE PARIS

LE 1ᵉʳ BATAILLON

DES

MOBILES DE LA SOMME

PAR

René de BOIVILLE

Adjudant-Major au Bataillon

ABBEVILLE

C. PAILLART, IMPRIMEUR-ÉDITEUR

1899

Armes du 1er Bataillon des Mobiles de la Somme

PRÉFACE

En lisant ce modeste opuscule contenant l'historique du 1ᵉʳ bataillon des mobiles de la Somme pendant la guerre Franco-Allemande, les uns diront que les événements militaires auxquels a pris part ce bataillon sont de trop peu d'importance pour présenter au public un réel intérêt ; les autres trouveront peut-être étrange que j'aie attendu vingt-neuf ans pour raconter mes souvenirs du siège de Paris.

Pour répondre à ces critiques qui, assurément, seraient fondées si j'avais la prétention d'écrire des mémoires ou une page d'histoire, je tiens à exposer dès le début la pensée à laquelle j'ai obéi et le but que je poursuis.

Dans toute la France, en ce moment, les anciens combattants de 1870, comprenant la nécessité de se grouper, fondent des sociétés : nous venons à Abbeville de suivre cet exemple.

En rappelant à mes anciens compagnons d'armes les jours douloureux qu'ensemble nous avons traversés, je suis certain de réveiller dans leur cœur les sentiments de franche et cordiale amitié, qui nous unissaient alors.

Nulle part comme dans le métier militaire, la communauté des joies et des souffrances ne développe les sentiments d'affectueuse camaraderie. Ayant été unis devant le danger, ne serons-nous pas heureux dans nos réunions annuelles de causer du passé, de redire dans l'intimité les tristesses d'autrefois ? C'est alors que les moindres événements retrouveront leur intérêt et j'espère qu'on me saura gré de les avoir évoqués.

Mes fonctions d'adjudant-major pendant le siège de Paris m'ont permis de suivre de plus près les différentes phases de la lutte à laquelle nous assistions. Chaque jour, j'employais mes quelques heures de loisir à consigner les principaux faits de la journée. L'amitié toute particulière dont voulait bien m'honorer le colonel Boucher m'initiait plus spécialement aux opérations du siège. L'accompagnant nuit et jour dans les tranchées, dans la visite des forts, je voyais de plus près notre organisation militaire et j'étais le confident de ses impressions lorsqu'il assistait aux séances de l'état-major.

J'aurai à parler de ce vaillant colonel ; mais, dès maintenant, je dois dire l'affection qu'il m'avait inspirée. Tous ceux, du reste, qui, comme moi, l'ont approché, comprendront ce sentiment, qu'ils ont certainement partagé.

Je dois aussi un remerciement tout particulier à mon ami Henry Calluaud. Le colonel l'avait choisi comme secrétaire particulier. Comme, dans les tranchées, il m'était impossible d'écrire, c'est chez lui que je rédigeais mes notes au jour le jour.

JOURNAL D'UN OFFICIER

DES

MOBILES DE LA SOMME

I

Débuts de la Guerre. — Appel de la Mobile. Envahissement de Paris.

Personne n'ignore les circonstances dans lesquelles a été déclarée la guerre entre la France et l'Allemagne.

Il n'est pas complètement exact de prétendre, comme on l'a fait, que l'empereur Napoléon III voulait cette guerre. On sait maintenant que M. de Bismarck l'avait préméditée de longue main. Des révélations faites il y a quelques années ont démontré d'une façon indéniable que le chancelier allemand n'a pas hésité à falsifier une dépêche pour rendre inévitables les hostilités.

La compétition au trône d'Espagne n'a été qu'un prétexte. Ce que l'on peut reprocher à notre ministère d'alors, c'est surtout d'avoir manqué de prévoyance et d'avoir osé déclarer en pleine Chambre que tout était prêt, alors qu'il était manifeste que nous nous trouvions vis-à-vis de nos voisins dans une situation militaire absolument inférieure. Ce ministère créé par l'Empire libéral trompait ainsi la confiance de l'Empereur et de la France.

Malgré tout ce qu'on a pu écrire depuis, la guerre contre l'Allemagne rencontrait en France le plus grand enthousiasme.

Dans les Chambres, lorsque le ministre Olivier annonçait le 15 juillet 1870 la rupture des négociations entre les deux pays, son rapport fut accueilli par des applaudissements unanimes. Le parti de l'opposition lui-même affirmait qu'il fallait venger l'honneur national.

L'exaltation était à son comble dans toute la France. A Paris, le peuple circulait dans les rues et sur les boulevards en criant : A Berlin ! La province suivait le mouvement. A cette époque, en vue des événements qui se préparaient et de l'appel de la mobile dans laquelle j'étais officier, je faisais un stage à la citadelle d'Amiens, suivant les exercices du régiment qui s'y trouvait alors, et je me rappellerai toujours une soirée passée au théâtre de cette ville. On y jouait une des pièces favorites de l'époque, du compositeur Offenbach, et la salle entière réclamait de la principale chanteuse le chant de la *Marseillaise* dont tout le public entonnait le refrain. Quelques jours plus tard, on demandait à cette même chanteuse le *Rhin Allemand* d'Alfred de Musset.

Bientôt cette joie délirante devait, à l'annonce d'une première défaite, se transformer en une véritable stupeur. On se croyait invincible, l'avenir nous réservait, hélas ! de cruelles désillusions.

Est-il juste après cela de faire retomber tout entière sur l'Empereur la responsabilité des événements malheureux qui se sont succédés avec une si effrayante rapidité ?

Napoléon III, pour se mettre à la tête des armées, avait confié la régence à l'Impératrice : c'était une première faute ; car, vieilli et affaibli par la maladie, il n'avait plus l'énergie suffisante pour rester à la hauteur d'une aussi grande situation.

L'armée active mettait en campagne environ 300,000 hommes massés sur la frontière de l'Est ; les premiers combats de Sarrebruck (2 août) qui n'étaient à vrai dire que des engagements sans importance, nous donnaient l'apparence d'une victoire, mais le 4, à Wissembourg, malgré des prodiges de valeur, survenait la première défaite. Le général Douay trouvait sur le champ de bataille une mort glorieuse. Puis le 6, nouveaux combats à Wœrth et Reichoffen aussi malheureux pour nos armes. Les corps d'armée français étaient écrasés par des forces supérieures. C'est dans ce combat que se produisit la charge légendaire des cuirassiers, qui arrachait à l'empereur Guillaume lui-même un cri d'admiration.

Afin d'arrêter la marche de l'ennemi et sauver le gros de l'armée, le Maréchal donne l'ordre au 2e régiment de cuirassiers de charger ; il ne s'agit plus de vaincre, mais de mourir.

La conséquence de ces défaites fut la chute du ministère Olivier, remplacé par celui du général Cousin-Montauban, comte de Palikao. Ce dernier s'entourait d'hommes nouveaux et son premier acte fut de décréter l'appel immédiat de la classe 1870 des régiments de garde mobile et des régiments de marche.

II

Création et Organisation de la Garde Mobile.

C'est en 1868 que fut discutée et promulguée à l'*Officiel* la loi modifiant le recrutement de l'armée, et créant la garde mobile.

Le maréchal Niel était alors ministre de la guerre. Ce vaillant soldat avait pris part à toutes les guerres du second Empire et l'Empereur reconnaissait sa haute capacité. Tous deux avaient suivi avec intérêt les armements considérables de l'Allemagne ; ils en étaient justement effrayés. N'espérant pas trouver dans le concours des Chambres un appui suffisant pour augmenter l'effectif déjà considérable de l'armée permanente et suivant l'exemple donné par M. de Bismarck, ils avaient résolu d'organiser à côté de l'armée active, un corps de troupe facilement mobilisable en temps de guerre.

Le 28 mars le maréchal Niel adressait un rapport à l'Empereur sur l'organisation de cette armée. En voici les principaux passages :

« La garde mobile sera constituée comme auxiliaire de l'armée active, pour la défense des places, des côtes et frontières de l'Empire.

« Une loi spéciale l'appellera à l'activité.

« Les mobiles continueront à jouir de leurs droits civils et politiques et pourront contracter mariage.

« La garde mobile sera organisée par département formant un ou plusieurs régiments, par subdivision ou arrondissements avec un ou plusieurs bataillons, et par circonscriptions ou cantons avec une ou plusieurs compagnies.

« Les bataillons seront numérotés suivant la lettre alphabétique de l'arrondissement.

« Les officiers seront nommés par l'Empereur, et les sous-officiers par le général commandant la subdivision militaire.

« Les chefs devront jouir d'une considération personnelle leur donnant l'autorité morale indispensable à l'exercice de leur commandement.

« Les grades ne devront être confiés qu'à des citoyens ayant une situation honorable dans la circonscription dont ils obtiendront le commandement.

« Les chefs seront choisis parmi les officiers retraités, démissionnaires ou en activité de service, ou libérés, appelés ou volontaires. Ils seront domiciliés dans la circonscription.

« Les officiers ne seront soldés qu'en cas d'activité et recevront une entrée en campagne.

« L'habillement et l'armement seront les mêmes que ceux de l'armée active.

« La discipline en activité sera soumise aux lois militaires.

« Entre l'armée active et la garde mobile les saluts seront réciproques.

« Les volontaires seront admis de 17 à 40 ans. »

Cette loi avait rencontré dans les Chambres une assez vive opposition, les libéraux y voyaient un moyen déguisé d'augmenter le service militaire et saisissaient l'occasion d'attaquer la politique générale de l'Empereur.

Les vieux militaires n'admettaient pas volontiers qu'on put compter sur des troupes aussi peu aguerries et rompues au service, aussi la mort du maréchal Niel, survenue le 13 août 1869, mit-elle un arrêt à cette organisation si laborieusement élaborée. Quelques nominations d'officiers avaient été faites du vivant du maréchal, après sa mort on fit de nouvelles promotions, mais tout resta sur le papier.

La tactique des libéraux était facile à saisir. Le peuple voit toujours avec hostilité tout ce qui peut alourdir pour lui les charges du service militaire. C'était le flatter que de combattre la loi projetée. Ce que l'on s'explique plus difficilement c'est la répugnance des généraux à augmenter de cette façon les forces du pays. Ceux-ci devant connaître mieux que personne les guerres de la Révolution et du premier Empire, auraient dû se rappeler que leurs devanciers avaient mené aux combats et entraîné aux plus belles victoires des jeunes gens arrachés de la veille à leurs foyers.

Si dès le premier jour la garde mobile avait été

sérieusement organisée, il est permis de penser et
de dire qu'elle eût rendu les plus grands services
pendant la guerre malheureuse de 1870-71 et qui'
sait si son action n'eut pas changé la face des
choses ?

Le général Ambert avec sa compétence recon-
naît dans ses récits militaires que la garde mobile
a subi avec une résistance et un courage admirable
le choc des armées ennemies, aussi bien dans les
combats autour de Paris qu'aux armées du Nord
et de la Loire.

Voici textuellement ce qu'il écrit :

Le 30 Septembre et le 13 Octobre
au Siège de Paris:

« Le général Vinoy a livré deux combats heureux, il a fait des prisonniers, infligé de grandes
pertes à l'ennemi, et a perdu peu de monde : on
lui avait donné des conscrits, il a aujourd'hui de
vieux soldats ; les mobiles qui sont sous ses
ordres, promptement dressés, se battent aussi
bien que de vieilles troupes. »

Plus loin il ajoute : « Les généraux d'Aurelles,
de la Motteraye, Martin des Pallières et Chanzy
ont soutenu sur la Loire avec des soldats d'un jour
l'honneur de nos drapeaux. »

La pensée qu'avaient eue l'Empereur et le maréchal Niel de confier le commandement de la garde
mobile à « des chefs domiciliés dans les circonscriptions, y jouissant d'une situation honorable,

de la considération et du respect de leurs subordonnés » était de nature à assurer des cadres d'officiers, dont le courage à l'heure du danger ne laisserait aucun doute. Leur expérience militaire pourrait au début n'être pas très complète ; mais à la
tête d'hommes qu'ils connaissaient de longue date,
ils étaient certains d'être obéis et suivis. C'était
d'ailleurs l'avis du général Ambert : « Le courage
sur le champ de bataille, écrit-il dans ses récits,
est inséparable de certaines qualités qui font
qu'un homme appartient à la classe des honnêtes
gens. Il est possible par exception qu'un honnête
homme ne soit pas brave, mais jamais un malhon-
nête homme n'aura dans l'âme le vrai courage.
Voyez dans cette guerre les deux extrêmes :
d'un côté les zouaves de Charette, braves jusqu'au
sublime, de l'autre les tirailleurs de Belleville
lâches jusqu'à l'infamie ; ceux-ci blasphémaient et
fuyaient, ceux-là priaient et combattaient jusqu'à
la mort. Est-il rien de plus beau dans nos fastes
militaires que la mort héroïque du commandant
de Dampierre à Bagneux-Châtillon ? Il menait au
combat ses braves mobiles du département de
l'Aube, il fallait passer sous le feu très vif des
batteries ennemies ; le commandant descend de
cheval et se plaçant à la tête des siens, il marche
le premier en criant : En avant, mes amis ! une
décharge le renverse, mais l'élan est donné, le
bataillon enlève Bagneux. Deux mobiles accourent
pour relever leur chef : « Je suis blessé à mort,
leur dit-il, mais j'ai fait mon devoir ! »

Appel de la Garde mobile de la Somme

La garde mobile du département de la Somme fut appelée à l'activité le 20 juillet 1870, dès le lendemain de la déclaration de guerre.

Le 1er bataillon, arrondissement Abbeville, avait pour commandant M. Boucher, ancien officier de cavalerie, nommé par décret du 16 mars 1869.

Les capitaines des huit compagnies avaient été mommés par des décrets des 15 août 1869 et 16 mars 1870.

Le cadre des lieutenants et sous-lieutenants fut complété par des décrets des 19 et 30 juillet 1870.

Le 25 juillet 1870, le commandant réunissait à Abbeville les capitaines des différentes compagnies pour la désignation des sous-officiers et caporaux.

Quand le 21 août le bataillon se réunit à Abbeville, tous les cadres étaient au complet, ainsi qu'il suit :

Chef de Bataillon . . . . BOUCHER.
Adjudant-Major . . . . . FRÉRE.
Adjudant Sous-Officier . H. GAVELLE.

1re Compagnie. — **Abbeville**

Capitaine . . . . GALTIER.
Lieutenant . . . . TAQUET.
Sous-Lieutenant . . . . . . CARRÉ.

Sergent-Major. . . . . . . LACHAMBRE.

Sergent-Fourrier . . . . . MARTELET.

Sergents. — LEPRÊTRE, CAIEUX, LAINÉ, DU-
FRIEN.

Caporaux. — DUFOSSÉ H., MORTREUX, MA-
BILLE, DUFOSSÉ, DUVAL,
BOUFFART, DE BRAY, BEL-
LETTRE.

145 hommes de compagnie.

2me Compagnie. — **Canton d'Ault**

Capitaine. . . . . DE CACHELEU.

Lieutenant . . . . FREMAU.

Sous-Lieutenant . . . . . . LECAT.

Sergent-Major. . . . . . . ENNEVEU.

Sergent-Fourrier . . . . . DANCOURT.

Sergents. — FERROU, LECLERC, SIMON, DUPUIS.

Caporaux. — DORÉ, SACÉPÉE, GUILLAIN,
BEAUVISAGE, SACÉPÉE A.,
LOUCHARD, CAILLEUX, LE-
PHAY.

139 hommes.

3me Compagnie. — **Canton de Gamaches**

Capitaine. . . . . G. SCELLES.

Lieutenant. . . . . . . R. DE BOIVILLE.

Sous-Lieutenant. . . . Y. D'HANTECOURT.

Sergent-Major. . . . . André FORESTIER.

Sergent-Fourrier . . . A. BRASSIER.

Sergents. — MINUTTE, TERNISIEN, GARET, DU PLOUY.

Caporaux. — MAUTORT, REGNIER, DACHEUX, DAVID, CAILLET, TAVERNIER, DUCROT, SOSTHÈNES.

154 *hommes.*

4me Compagnie. — **Canton d'Hallencourt**

Capitaine	PETIT.
Lieutenant	MOREAU.
Sous-Lieutenant	DAMONNEVILLE.
Sergent-Major	L. COURTILLIER.
Sergent-Fourrier	A. GRISEL.

Sergents. — BOUTILLIER, CARPENTIER, DORE-MUS, JEUNET.

Caporaux. — LESUEUR, NOBECOURT, MELLIER, PIERRU, JOLY, BLANCHARD, DELÉTOILE, RENOUARD.

142 *hommes.*

5me Compagnie. — **Canton de Moyenneville**

Capitaine	GAYET.
Lieutenant	Raoul SCELLES.
Sous-Lieutenant	DUMONT.
Sergent-Major	LEMIRE E.
Sergent-Fourrier	THIBAUT L.

Sergents. — PRUVOT, TAVERNIER, VIENNE, BARBIER.

Caporaux. — HAUTEFEUILLE, DENEUX, LE-
MAIRE, DUFESTEL, Léon
CAVILLON, DEROUSSANT,
FRÉVILLE.

148 *hommes.*

6me Compagnie. — **Canton de Nouvion**

Capitaine. . . . . COULOMBEL.
Lieutenant . . . . DE MOISMONT.
Sous-Lieutenant . . . . . A. DU GROSRIEZ.
Sergent-Major. . . . . . ALEXANDRE A.
Sergent-Fourrier . . . . LÉON Alphonse.
Sergents. — CLOUET, LESENNE, MAILLET,
MAILLART.
Caporaux. — BATTEL, CRÉPIN, PIOLÉ, MAR-
CHAND, DERCOURT, FARCY,
CARPENTIER.

145 *hommes.*

7me Compagnie. — **Canton de Rue**

Capitaine . . . . BARBIER.
Lieutenant. . . . . BAURAIN.
Sous-Lieutenant. . . . . . . DELAHAYE.
Sergent-Major. . . . . LEROY A.
Sergent-Fourrier . . . . . . BOS.
Sergents. — CRÉPIN, CAZIER, DUPUIS, PLÉ.
Caporaux. — PETIT, CAMPION, HORVILLE,
MACQUART, THIÉBAUT, CUI-
GUEZ, SAVARY, BÉTHOUARD.

Quant à la 8me Compagnie elle avait pour Capitaine M. DELZANT, pour Lieutenant et Sous-Lieutenant MM. DESGROISELLES et HOUDANT; le 7 septembre 1870 elle fut supprimée, les hommes versés dans les 7 autres compagnies. Les officiers furent placés à la tête d'une nouvelle classe qui prit part à la défense de Péronne.

MARCHE

du 1ᵉʳ Bataillon des Mobiles de la Somme

1870   *1871*

Refrain.

Armes du 1ᵉʳ Bataillon des Mobiles de la Somme

Dans l'après-midi les ordres d'appels arrivaient et le lendemain avait lieu à Abbeville, au quartier de cavalerie, la réunion du bataillon. Les officiers prenaient le commandement de leur compagnie et faisaient le premier appel nominal.

Ce serait aller contre la vérité de prétendre que l'appel de la garde mobile ne causa pas dans nos campagnes une douloureuse émotion, les hommes ainsi brusquement convoqués se croyaient exempts du service militaire, quelques-uns même étaient mariés.

Cette première impression disparut rapidement et dès le lendemain de notre arrivée à Abbeville la gaieté française et l'entrain reprirent le dessus. Nos hommes logeaient chez l'habitant.

Chaque jour nous faisions l'exercice au champ de manœuvres et la théorie dans les chambres.

L'instruction des hommes était assurément fort incomplète, mais de l'aveu même des anciens militaires qui se trouvaient avec nous elle marcha rapidement.

Les soldats dont l'endurance paraissait douteuse furent presque immédiatement réformés, et le 15 août un assez grand nombre furent renvoyés dans leurs foyers.

Chaque jour les nouvelles de la guerre devenaient plus alarmantes.

Le 10 août le maréchal Bazaine fut nommé général en chef de l'armée du Rhin.

Il remportait le 14 un avantage sur les Prussiens à Borny, mais le 16 après une défaite à Gravelotte il était obligé de rétrograder sur Metz, laissant pour ainsi dire ouverte la route de la capitale.

A la même date le peuple de Paris, déjà fortement travaillé par les chefs de la future révolution, avec sa légèreté habituelle, continuait à crier à la trahison.

Le ministre de la guerre, inquiet de l'effervescence qu'il voyait se produire dans la rue, crut utile pour rétablir l'ordre d'appeler les pompiers de certaines provinces des environs de Paris.

Ceux d'Abbeville notamment reçurent un ordre de départ.

Impossible de décrire l'émoi que causa en ville cette nouvelle. On croyait Paris en pleine révolution. On se rappelait les journées de juin 1848 où la garde nationale avait joué un rôle assez glorieux. Néanmoins c'était sans enthousiasme que ces braves pompiers partaient pour la gloire. Le contre-ordre arrivait heureusement le soir et calmait leurs inquiétudes.

Au milieu de toutes ces poignantes tristesses il va sans dire que la fête de l'Empereur qui depuis dix-huit ans était pour le pays un jour de réjouissance et d'allégresse, passa inaperçue.

19 Août.

Pendant ce temps les exercices se poursuivent régulièrement, les hommes sont armés du fusil transformé dit à tabatière, avec munitions et nécessaire d'armes. Les sous-officiers et caporaux sont munis de sabres.

Nos clairons accompagnés de tambours nous sonnent chaque jour la marche du bataillon, composée par M. Crépin. Grâce à l'habileté et au dévouement de ce dernier, nous avons une musique complète qui égaye nos marches militaires. Nos hommes n'avaient alors comme uniforme qu'un pantalon, une vareuse et un képi. Pendant que se faisait ainsi chaque jour notre instruction militaire les événements se poursuivaient dans l'Est avec une effrayante rapidité. Le

on débarquait à Abbeville 150 soldats blessés aux combats de Gravelotte et Saint-Privat et nos hommes étaient chargés de les transporter sur des brancards de la gare à l'hôpital. La vue de ces malheureux me causa une des plus pénibles impressions que j'aie éprouvées dans le cours de la campagne. C'était la première fois que je voyais de près les horreurs de la guerre.

Pour les esprits clairvoyants l'investissement de Paris regardé jusque-là comme une éventualité invraisemblable devenait possible.

Le général de Palikao l'avait lui-même si bien compris, qu'il s'était efforcé dès son arrivée au pouvoir de concentrer dans la capitale les approvisionnements permettant de soutenir un siège de plusieurs mois.

Son collègue du ministère du commerce, M. Clément Duvernois, homme d'une intelligence remarquable et doué d'une activité dévorante, fut chargé de cette mission. Il y avait lieu de pourvoir à la subsistance par jour de deux millions de bouches. Il entra dans Paris soixante-douze mille tonnes de farines, grains, denrées de toutes espèces, et soixante-huit mille têtes de bétail ; une immense provision de vins, sucre, café, eau-de-vie, salaisons.

Ces provisions étaient telles que si au début le gouvernement de la défense nationale avait su les ménager, le siège eut pu être prolongé de plusieurs mois.

En même temps qu'il s'occupait d'approvisionner ainsi la capitale, le général de Palikao songeait à l'armement de la place. Il en confiait le soin à l'amiral Rigault de Genouilly, alors ministre de la marine.

Ce dernier s'empressa de faire venir à Paris les canons et les pièces de marine des différentes places des côtes, destinés à la défense des remparts et des forts. La réserve de poudre était si considérable qu'on ne pouvait craindre de manquer de munitions. Les arsenaux contenaient 500,000 fusils.

Paris, devenu un immense camp retranché, avait une ceinture de bastions de trente-quatre kilomètres, une ligne de forts d'un périmètre de soixante-dix kilomètres, de plus des redoutes placées à une certaine distance des forts. Comment supposer qu'une armée ennemie put être assez nombreuse pour rendre complet l'investissement ?

L'avenir devait pourtant le démontrer à brève échéance, la catastrophe de Sedan devant laisser à l'armée prussienne ouverte et sans défense la route de Paris.

Il n'entre pas dans le cadre de notre récit de retracer les événements douloureux qui se sont déroulés pendant les journées des 2 et 3 septembre 1870. Il n'est personne qui ne sache les conditions dans lesquelles notre armée, acculée à Sedan, a été contrainte de capituler. L'Empereur était fait prisonnier.

Pour le parti révolutionnaire le jour non pas de gloire, comme ils le chantaient dans la *Marseillaise*, mais de curée, était arrivé. Profitant de nos désastres, quelques individus s'emparaient du pouvoir et faisaient voter par une Chambre affolée la déchéance de l'Empire. Le 4 septembre la révolution installait un gouvernement provisoire ainsi composé :

Le général Trochu en avait la présidence, le général Le Flô, Léon Gambetta, Jules Favre, prenaient la direction du ministère de la guerre, de l'intérieur et des affaires étrangères; ils avaient comme collaborateurs Arago, Crémieux, Jules Ferry, Ernest Picard, Glais-Bizoin, Garnier-Pagès, Pelletan, Rochefort et Jules Simon.

Dès le matin du 4 septembre, la province connut cette révolution et l'accepta avec une tristesse résignée, tant était grande l'impression causée par la déroute de notre plus belle armée.

Seul, le 13ᵉ corps, commandé par le général Vinoy, avait échappé au désastre.

Trop faible pour s'opposer même momentanément à la marche des Allemands sur Paris, le général avec son expérience militaire comprit immédiatement que la retraite s'imposait; elle se fit avec un ordre admirable et le 9 le corps d'armée arrivait à Paris, où il bivouaquait avenue de la Grande-Armée. Nous nous attendions chaque

jour à un ordre de départ ; il arriva dans la soirée
du 7 septembre et on devait quitter Abbeville la
nuit même. Presque aussitôt contre-ordre était
donné et le départ ajourné.

Le lendemain matin nouvelles instructions qui
cette fois devaient être exécutées sans retard. Le
bataillon, en effet, fut aussitôt réuni au champ de
foire ; la réforme faite, l'effectif du départ s'élevait
à 1,200 hommes y compris les officiers.

7 Septembre.

A sept heures du soir, précédés de notre
musique jouant la marche du bataillon, nous pre-
nions le chemin de la gare. Une foule énorme nous
accompagnait, nous acclamant et nous disant un
au revoir aussi ému que sympathique.

Le trajet entre Abbeville et Paris fut extrêmement lent, puisque nous ne fûmes rendus à destination qu'après dix heures de chemin de fer.

A notre arrivée à Paris, massés sur la place,
couverte de la gare du Nord, nos hommes attendent
patiemment les billets de logement chez l'habitant
du quartier des Arts-et-Métiers.

Le *mess* des officiers est installé même place
hôtel Catinat.

Malgré les fatigues de ce long voyage et les
tristesses des séparations, des craintes de l'avenir, nos gardes mobiles n'avaient rien perdu de
leur gaieté. En voyant écrit sur certains wagons

du train les initiales P. L. M., ils chantaient :
« voyageurs Pour La Mort. »

Paris, 9 Septembre.

A notre arrivée à Paris, la ville n'était point
encore investie. A chaque instant, des régiments
de province arrivaient, les gardes nationaux sur
les trottoirs et dans les rues faisaient l'exercice
par escouades et compagnies, nos hommes les
avaient surnommés les « sang impur. » Ils répé-
taient sans cesse un passage de la *Marseillaise*
« qu'un sang impur arrose nos sillons. »

10 Septembre.

Dans la matinée, les mobiles recevaient enfin la
tenue d'ordonnance, on leur remettait des vivres
de campagne. Pendant qu'ils étaient logés chez
l'habitant, une indemnité quotidienne de 1 fr. 50
leur était allouée.

Le surlendemain quelques modifications se
produisaient dans le cadre de nos officiers.
Le commandant Boucher était nommé lieutenant-
colonel et le capitaine-adjudant-major Frère le
remplaçait à la tête du bataillon. C'est alors que
je fus chargé des fonctions d'adjudant-major par
intérim. Ma nomination officielle eut lieu le 9 novembre.

Je crois de mon devoir de tracer ici le portrait

de nos deux officiers supérieurs qui sont restés à notre tête jusqu'à la fin du siège.

Je ne crains pas, ainsi que je l'ai déjà dit plus haut, d'être démenti en affirmant que le colonel Boucher était le type le plus accompli d'un chef de corps. — Né en 1818 dans la commune de Monsboubert, canton de Saint-Valery-sur-Somme, il s'était engagé à l'âge de vingt ans dans la cavalerie et avait eu la bonne fortune de prendre part aux glorieuses campagnes d'Afrique, et de franchir assez rapidement les grades inférieurs.

Les supérieurs reconnaissant en lui, non seulement des qualités de bravoure et de sang-froid exceptionnelles, mais encore un talent tout particulier d'administrateur, lui confièrent la direction du bureau arabe d'Alizane en Algérie. Dans ces fonctions délicates, il acquit une telle réputation de droiture et de justice, que les indigènes s'adressaient à lui avec confiance et l'écoutaient comme un oracle.

Après les campagnes d'Afrique, M. Boucher avait fait celle d'Italie, où il s'était encore particulièrement distingué. Resté célibataire, n'ayant aucune ambition, il prit sa retraite avec le grade de capitaine et revint vivre modestement dans son pays natal. Lors de la formation de la garde mobile, on lui demanda de reprendre son épée, il crut de son devoir de ne pas décliner le nouvel honneur qu'on lui imposait, en le nommant commandant du 1er bataillon des mobiles de la Somme.

Le gouvernement ne pouvait assurément faire un meilleur choix. Bien que cet ancien militaire vécut très retiré, sans jamais se mettre en avant, son nom était connu dans tout l'arrondissement. Dès le premier jour, officiers et soldats nous comprîmes que nous pouvions avoir en ce chef la plus entière confiance, nous étions certains que sous son commandement aussi ferme que paternel nous allions marcher dans le chemin du devoir et de l'honneur.

Après la guerre la rosette d'officier de la Légion d'honneur fut la juste récompense de son infatigable dévouement.

Le commandant Frére appartenait encore à l'armée active comme capitaine d'infanterie. Quoique fort estimable il n'avait pas, ainsi que le colonel Boucher, le don d'inspirer la sympathie. Très irrévérencieusement nos mobiles le surnommaient « le tabac. » C'était cependant pour le colonel un précieux auxiliaire, car il avait puissamment contribué à l'organisation et à l'instruction du bataillon ; très fort en comptabilité, il sut mettre très vite au courant les sergents majors. Manquant de prestige, il avait malheureusement horreur du cheval ; dans nos marches, il préférait rester à pied, alors que j'étais à cheval auprès du colonel.

Le lieutenant-colonel Boucher eut alors le commandement du 52e régiment des gardes mobiles, composé du 1er bataillon (Abbeville), du 2e (Amiens,

Villers-Bocage, Corbie), et du 3ᵉ recruté dans une partie de l'arrondissement d'Amiens.

Ce dernier bataillon avait à sa tête le comman-mandant Arthur Danzel d'Aumont. Ancien officier de marine, décoré de la Légion d'honneur à l'âge de vingt ans sous les murs de Sébastopol, pour un fait de bravoure exceptionnelle sous le feu de l'ennemi, il avait, lui aussi, au plus haut degré l'estime et la confiance de ses hommes qui firent preuve, en maintes circonstances, d'une discipline et d'une endurance remarquables.

Son bataillon, d'un effectif de 850 hommes environ, contribua avec le nôtre à la défense de la tranchée du Sud.

Nos journées se passaient à exercer nos soldats sur la place des Arts-et-Métiers, nous fournissions des postes de police en différents endroits, notamment au théâtre.

Quand le 10 septembre, on annonça l'entrée du 13ᵉ Corps, la confiance devint générale. Déjà l'on connaissait les glorieuses péripéties de cette retraite depuis Mézières et la réputation du général en chef s'en trouvait singulièrement grandie.

Retraite de Vinoy (1).

13 Septembre.

Revue aux Champs-Elysées de toute la garde mobile, environ 80,000 hommes. Notre bataillon se

(1) Voir AMBERT, page 393.

déployait devant le palais de l'Industrie ; sans for-
fanterie, je puis dire que nous étions fiers de la bonne
tenue de nos soldats. Nous fûmes d'ailleurs félicités
par les généraux Trochu, Vinoy, Deligny, d'Haut-
poul et Barthaut dans la division duquel nous
étions placés. Le lendemain, les mobiles reçurent
les capotes, qui complétèrent leur habillement.

En voici le détail : souliers Godillot — pantalon
gris bleu à raie rouge — jaquette serrée —
2 chemises — cravate bleue, képi bleu avec passe-
poil rouge.

Pour armement, le chassepot modèle 1866,
sabre baïonnette, cartouchière, ceinturon, nécessaire d'armes — sac toile cuir noir.

Le campement comprenait : une couverture de
laine, bretelles, courroies, toile de tente abri, bâ-
tons de tente, deux piquets de tente, deux grands
bidons et deux grandes gamelles par escouades,
un petit bidon, une gamelle, un quart. Les officiers s'étaient pourvus à leurs frais des effets de
campement.

Au premier appel nous pouvions donc entrer en
campagne.

15 Septembre.

On employa nos hommes à des travaux de
défense à la porte Maillot. De toute part, ces travaux, du reste, étaient poussés avec une activité
fiévreuse, l'approche des Allemands étant signa-
lée chaque jour dans les environs de Paris.

Quand le 19, leurs avant-postes arrivèrent devant Paris, on peut dire que la place était en état de défense et à l'abri d'un coup de force.

Les généraux ennemis parurent d'ailleurs le comprendre, car leur premier soin fut de bien installer leurs troupes et de rendre l'investissement aussi complet que possible. Il était évident qu'ils allaient employer la tactique qu'ils avaient adoptée pour amener la reddition de la plupart des grandes villes qui leur résistaient, telles que Metz, Belfort, etc. Pour triompher de cette tactique ennemie, le seul moyen eut été très certainement de multiplier les sorties en masse au lieu de harceler chaque jour nos adversaires par des engagements de peu d'importance. C'est le reproche que des hommes compétents firent dès le début au général Trochu et je crois qu'il était fondé. Que de fois n'ai-je pas entendu le colonel Boucher déplorer qu'avec les forces énormes dont nous disposions, on ne cherchàt pas à faire une trouée. A ce moment elle était possible, lorsque le 2 décembre, à Champigny, on voulut la tenter, il était déjà bien tard. Cependant nous verrons plus loin que sans une crue subite de la Marne qui arrêta le général Ducrot, nos troupes eussent très probablement troué les lignes ennemies.

Le 19 janvier, cette tentative fut renouvelée à Montretout, mais elle n'avait plus de chance de réussir, l'artillerie manquant de chevaux et la confiance des soldats fortement ébranlée.

L'ordre nous arrivait de partir pour les buttes Chaumont où nous devions camper et coucher sous la tente, la nuit fut froide et pluvieuse et rendit l'épreuve plus pénible. Néanmoins les mobiles la supportent avec une endurance étonnante. Au réveil les hommes étaient gais et dispos, pas un ne récriminait, le jour même paraissait un ordre du jour annonçant l'élection des officiers par leurs hommes.

Cette innovation était le rêve depuis longtemps caressé par le parti alors au pouvoir, il introduisait dans l'armée le suffrage universel. Conformément à ce décret, le 19, on procédait à l'élection qui se fit sans bruit, du moins dans les bataillons de la Somme où la plupart des chefs furent maintenus.

N'était-ce pas la preuve la plus évidente que ceux-ci avaient inspiré à leurs subordonnés l'estime et la confiance ? Dans notre bataillon, par suite des nominations antérieures de M. Boucher et Frére, il y eut forcément quelques modifications. Le lieutenant Gayet était nommé capitaine de la 5e Compagnie, Raoul Scelles devenait lieutenant et le sergent-major Dumont sous-lieutenant. Je restais lieutenant de ma compagnie, mais toujours détaché comme adjudant-major.

Le premier engagement sous Paris fut à Châtillon. Le général Ducrot dans le but de s'opposer

à l'investissement, d'accord avec le général Trochu, résolut de tenter une attaque sur le point
où les ennemis lui semblaient le plus faible.

C'est à la tête d'une partie du 14ᵉ Corps que
Ducrot surprit l'ennemi dès le matin. Mais le premier moment passé, les Prussiens se remettaient
rapidement; leur canonnade et leur fusillade jetè-
rent le trouble parmi les zouaves de Ducrot qui
lâchèrent de suite le terrain et vers dix heures du
matin rentraient dans Paris en pleine débandade.

Toute différente avait été la conduite des mobiles bretons qui ne s'étaient retirés que sur
l'ordre formel du général. La position de Châtillon avait dû être abandonnée ; elle était cependant
à maintenir, distante de mille mètres à peine des
forts du sud qu'elle dominait. On verra plus tard
combien les batteries prussiennes installées sur ce
plateau ont causé de mal aux forts et à Paris lors
du bombardement.

Cette déroute, pour ne pas dire cette lâcheté des
zouaves causa dans Paris une pénible impression.
Partout on criait déjà à la trahison, mais au moins
on rendit justice à la mobile qui voyait le feu
pour la première fois, mais fit meilleure contenance que cette vieille troupe de zouaves.

L'investissement de Paris devint complet à partir de ce jour, le roi Guillaume était à Meaux et le
prince royal de Prusse entrait à Versailles. On
peut dire que la grande ville devenait véritablement l'île de France, isolée qu'elle était du reste
du pays.

Les habitants des localités autour de Paris furent obligés de rentrer dans Paris. Inutile de dire l'empressement avec lequel ils accomplirent leur déménagement, tant était grande la crainte des Prussiens. La zone comprise entre les fortifications et la ligne d'investissement était abandonnée et devenue absolument déserte.

19 Septembre.

Nous fûmes appelés à l'Ecole Militaire où nos hommes furent armés de chassepots en échange du fusil à tabatière.

21 Septembre.

Des Arts-et-Métiers nous fûmes envoyés au fort de Vincennes où nous arrivions à dix heures du matin, après une halte sur la place de la Bastille. On nous caserna dans le fort neuf, que venait de quitter le 11e bataillon des mobiles de Paris.

Le service des remparts, nouveau pour nos hommes, était chaque soir confié à deux compagnies; ces premières nuit passées l'arme au pied semblaient assez pénibles. Les mobiles heureusement avaient pour les soutenir l'exemple des chasseurs à pied partageant notre service. Notre plus grand ennui dans le fort fut une armée de punaises qui rendaient nos nuits agitées et douloureuses. Contre elles aucune défense, aussi eussions-nous payé cher quelques kilogrammes d'insecticide Burnichon.

26 Septembre

Deux de nos compagnies furent détachées à la redoute de Fontenay, sous le fort de Nogent. Déjà commence la pénurie des approvisionnements, les pommes de terre et les légumes atteignent des prix fabuleux.

Comme vivres de campagne, nous recevions surtout du lard et des boîtes de bœuf conservé. Pourtant notre popote d'officiers était encore fort acceptable.

28 Septembre.

On présentait au général Ribourg notre corps d'officiers.

Les abords du polygone étaient absolument dénudés. Tous les arbres avaient été coupés en pointe à hauteur d'un mètre et reliés par des fils de fer destinés à arrêter la marche des assaillants. Les redoutes de la Gravelle et de la Faisanderie, dominant la vallée de la Marne, protégeaient les positions.

Sur le polygone, à côté du fort, campaient les spahis, mais aperçus des Prussiens ils furent accablés d'une telle quantité d'obus qu'ils durent rentrer à l'intérieur.

Le commandant Ribourg, jugeant prudent de faire transporter dans les casemates les obus et les boîtes à mitrailles, confia à nos soldats ce service qui ne laissait pas de présenter quelque danger.

Des explosions pouvaient en effet se produire à la moindre imprudence.

Un régiment de turcos fut aussi contraint de quitter le polygogne, il vint camper dans la grande cour du fort neuf, c'est-à-dire à côté de nos mobiles qui restaient en admiration devant ces troupiers d'Afrique, au teint bronzé et à l'allure martiale, mais bon enfant. Leur refrain favori rappelait la vaillance du général Bourbaki qui les avait si souvent menés à la victoire.

Quel est le soldat qui ne connait encore maintenant cet air :

Gentil Turco
Quand autour de ta boule
En serpent s'enroule
Ce calicot
Qui te sert de shako
Et ce chic exquis
Par les Turcos acquis
Ils le doivent à qui ?
A Bourbaki
A Georges Bourbaki.

Dans une des salles du vieux fort, le général Ribourg avait organisé un cercle d'officiers pour toutes les armes ; j'y ai passé d'agréables moments en compagnie de la dame de pique. Celle-ci nous a du reste été fidèle pendant tout le siège et nous a singulièrement aidés aussi bien à supporter les fatigues qu'à rire du danger ; je lui en garde une éternelle reconnaissance. Avec nous se trouvait le colonel Boucher qui avait le commandement du 52e régiment composé des 1er, 3e, 5e bataillons des mobiles de la Somme.

Dans la journée nous entendîmes une vive fusillade vers les forts du sud ; à la tête de ses mobiles de la Côte-d'Or, le colonel de Grancey avait tenté de sortir vers Chevilly : son régiment, disait l'*Officiel* du lendemain, s'était couvert de gloire. Sa jeune troupe avait fait preuve d'un entrain digne des soldats les plus aguerris.

A l'existence monotone du fort nous eussions tous préféré une vie plus mouvementée. La lecture des journaux nous apportait bien quelques distractions, on parlait d'engagements heureux autour de Metz, qui nous donnaient l'espoir que la magnifique armée commandée par le maréchal Bazaine pourrait rompre le cercle qui l'étreignait et venir au secours de Paris.

7 Octobre.

On annonçait que Gambetta venait de quitter Paris en ballon pour aller en province organiser la défense nationale. La nouvelle fut accueillie avec enthousiasme.

Plus tard j'ai eu par mon frère, alors substitut du procureur de la République à Clermont (Oise), des détails sur les périls de cette ascension et des péripéties émouvantes de la descente de l'aérostat.

La petite ville de Clermont (Oise) avait été envahie dans la première quinzaine de septembre. Le 6 octobre la garnison venait d'être changée. Dans l'après-midi du 7, mon frère se promenait dans la campagne avec un de ses collègues,

M. Julien, juge suppléant, quand, tout à coup, ils
aperçurent deux ballons arrivant de la direction
de Paris. Au lieu de planer dans les airs, les aérostats procédaient par bonds prodigieux, tantôt
rasant le sol, tantôt s'élevant à une certaine hauteur pour retomber ensuite. En passant au-dessus
de Creil ils avaient été salués par une vive fusillade. Les balles avaient sifflé, paraît-il, autour de
la nacelle, mais elles manquaient de force et de
pénétration. Une foule nombreuse suivait les
ballons dont la marche était forcément ralentie.

En passant sur le bois de Favières, situé à huit
kilomètres environ de Clermont et appartenant à
M. de Morgan, l'un des ballons s'accrocha à
la cime d'un grand chêne; à l'aide d'échelles
les aéronautes descendaient, et l'un d'eux de
s'écrier : « Je suis Gambetta, ministre de la
guerre, vite une voiture » Mon frère, qui se trouvait au pied de l'arbre, reconnut immédiatement
le tribun qu'il avait souvent rencontré au café
Procope. Il l'accompagna chez M. Dubuc, maire
de la commune d'Epineuse, voisine du bois. Celui-
ci fit atteler un cabriolet et partit en toute hâte
avec Gambetta et ses deux compagnons, pour
Montdidier. Quelques minutes s'étaient à peine
écoulées qu'un corps de cavaliers saxons arrivait
au galop et cernait le bois. Les assistants durent
défiler devant eux ; il va sans dire qu'ils n'y trou-
vèrent pas les aéronautes qu'ils comptaient arrêter, et durent, honteux et confus, reprendre la
route de Clermont. Des hauteurs du Châtellier,

promenade superbe qui domine la campagne, les Allemands avaient eux aussi aperçu le ballon. Aussitôt on sonnait le boute-selle, mais, arrivé de la veille, l'officier qui les commandait connaissait mal le pays.

Pour se renseigner, il s'adressa à M. Legrand, maître de l'hôtel des Deux-Epées, chez lequel il logeait. Ce dernier, malicieusement, lui indiqua le chemin le plus long pour arriver au bois. Cette perte de temps avait suffi pour permettre à Gambetta de s'échapper.

En lisant ce simple épisode qui, au premier abord, paraît sans importance, on ne peut s'empêcher de reconnaître une fois de plus qu'à la guerre surtout les plus grands effets dépendent bien souvent des causes les plus minimes. Sans le changement et de faux renseignements donnés aux Saxons, il n'est pas douteux qu'ils se fussent sans difficultés emparés de la personne de Gambetta.

N'est-il pas permis de se demander alors quelles eussent été les conséquences de cette capture ?

Le chêne sur lequel le ballon s'est arrêté eut lui aussi son heure de célébrité qui sans doute amena sa perte. A quelques années de là, en effet, il était dépouillé de son écorce par de nombreux Anglais amateurs de curiosités. Quant au maire de la commune d'Epineuse, il fut plus tard récompensé par une place de juge de paix à Liancourt.

C'était au commencement d'octobre que Trochu avait confié à M. Godard l'organisation de ce service de communications aériennes. Les aérostats étaient généralement montés par des marins, qui, afin d'éviter la vue des ennemis, ne partaient que la nuit. Les Prussiens considéraient comme espions et passaient par les armes tous les aéronautes dont ils parvenaient à s'emparer. Aussi, quand ils les apercevaient, ils tiraient sur eux, mais parvenaient rarement à percer l'enveloppe, leurs balles cependant sifflaient autour de la nacelle.

Trois ballons furent capturés par les Prussiens, un seul se perdit corps et biens. Deux purent atterrir heureusement, et les aéronautes rentrèrent le 29 novembre dans Paris rapportant les nouvelles. 65 aérostats quittèrent Paris, emportant plus de 150 voyageurs, 380 pigeons et 250,000 lettres.

8 Octobre.

Il se produisit la première manifestation du plan des anarchistes qui plus tard devait aboutir à la Commune. Le commandant Sapia, après avoir distribué des cartouches à son bataillon, l'invitait à marcher sur l'hôtel de ville, cette tentative avorta devant l'indifférence générale. Son auteur fut arrêté. L'idée pourtant était lancée, quelques jours plus tard, elle allait se manifester de nouveau.

9 Octobre.

Le dimanche, une cérémonie religieuse nous réunissait dans la chapelle du vieux fort, à dix heures une grand'messe y était célébrée. Un

de nos officiers et deux sous-officiers se tenaient
debout sur les marches de l'autel, l'arme au pied,
sabre au clair. Le même jour, on affichait dans le
fort la proclamation de guerre à outrance rédigée
par Gambetta et datée de Tours.

Le lendemain, grande inspection du général
Vinoy.

Comme l'on nous avait appris que des ballons
montés partaient fréquemment pour la province,
emportant les correspondances, je tentai d'en profiter pour envoyer des nouvelles à ma famille et
d'y joindre même ma photographie. Celle-ci arriva
à destination vers la fin du mois. Elle portait le
timbre de la poste, ma mère l'a précieusement
conservée en souvenir de ces temps douloureux.

11 Octobre.

L'hiver prématuré qui devait être un des plus
durs du siècle fit son apparition ; la nuit fut gla-
ciale sur les remparts. Le lendemain, la dysenterie
atteignait beaucoup de nos soldats.

13 Octobre.

Combat de Châtillon.

Afin de reprendre cette position perdue le
19 septembre, le général Trochu avait décidé
qu'une sortie aurait lieu sous les ordres du général Vinoy. Malgré la valeur et la bravoure de nos
troupes mais disposant de forces trop peu impor-
tantes et d'une artillerie trop faible, le général

dût renoncer à dépasser le village de Bagneux situé au pied des hauteurs de Châtillon, but de l'entreprise. Les mobiles avaient donné une grande preuve de courage et en particulier les bataillons de l'Aube, sous les ordres du commandant André de Dampierre. A la tête de son bataillon, descendant de cheval, il s'élance contre le village, mais à peine arrivé une décharge le renverse. Il tombe blessé à mort, on l'emporte, mais l'élan est donné et le village est enlevé. Malgré ces actes d'héroïsme le général abandonne les positions acquises et fait rentrer ses troupes en deçà des tranchées.

Le lendemain, le général Trochu, afin d'exciter parmi nous l'enthousiasme du courage et du dévouement, publia l'ordre du jour suivant :

« Dans le combat d'hier, les bataillons de l'Aube qui abordaient l'ennemi pour la première fois, se sont hautement distingués. Le commandant de Dampierre entraînant sa troupe à l'attaque de Bagneux où il est entré le premier, a succombé glorieusement, et je donne ici à ce vaillant officier les regrets que l'armée tout entière partagera.

« *Signé :* Général Trochu. »

19 Octobre.

Le bataillon reçut l'ordre de rentrer dans Paris et de prendre son casernement dans les baraquements de la place des Invalides et du quai d'Or-

say. Ce changement de garnison fut mon salut.
J'étais depuis quelques jours atteint de la dysenterie ; mal installé dans le fort et naturellement
mal soigné, mon état s'aggravait de jour en jour.
A raison du départ du bataillon, on me trans-
porta à l'ambulance des Dépôts et comptes cou-
rants, place de l'Opéra. Les Frères de la Doctrine
chrétienne dirigeaient cette ambulance. La reconnaissance m'impose le devoir de dire l'admirable
dévouement de ces religieux aussi bien dans les
hôpitaux que devant l'ennemi. Leur supérieur, le
Frère Philippe, fut décoré de la Légion d'honneur,
le gouvernement saisit cette occasion pour adres-
ser à l'Ordre entier les plus flatteuses félicitations.
La religion exaltait les sentiments patriotiques
de ces bons Frères, ils rivalisaient de zèle et de
charité. En eux les médecins, dont ils avaient la
confiance, trouvaient les meilleurs auxiliaires.
Sur les champs de bataille on les voyait, mépriser
la mitraille, rester quand même auprès des blessés
qu'ils exhortaient à la résignation, dont ils rele-
vaient le courage, leur montrant la récompense
promise à ceux qui meurent pour la patrie. On
trouve dans les récits du général Ambert la lettre
touchante d'un blessé soigné dans une ambulance
de Paris :

« Le cher Frère qui me soignait, dit ce soldat,
avait pour moi les attentions et les tendresses
d'une mère, c'était vers lui que je me tournais
pour éprouver au milieu de mes souffrances un
peu de consolation. Oh ! que ce Frère était bon, je

pense souvent à lui et la reconnaissance que je lui ai vouée n'est égalée que par ma vénération. »

Pendant son séjour sur la place des Invalides, le bataillon s'occupait sur le champ de Mars à des exercices qui complétaient son instruction et fournissait différents postes, notamment au ministère des Affaires étrangères. A cette époque, la garde nationale de Paris était presque complètement organisée, ses bataillons parcouraient les rues de la capitale et je vois encore passer leurs officiers se pavanant sur de magnifiques chevaux provenant des écuries de l'Empereur.

28 Octobre.

On affichait la capitulation de Metz. L'armée tout entière était prisonnière, il n'y avait plus à compter sur elle. Tout au contraire, cela permettait au prince Frédéric-Charles de venir renforcer les troupes d'investissement et diminuer ainsi les chances d'une sortie. Il ne m'appartient pas de discuter ici la conduite du maréchal Bazaine. Le procès de Trianon a démontré qu'avec la magnifique armée dont il disposait, le maréchal eut très probablement pu rompre le cercle qui l'entourait, tout au moins en immobilisant des forces considérables il eut rendu possible la résistance à outrance organisée par Gambetta.

A la même date se produisait l'affaire du Bourget, qui durait trois jours. Ce village avait été d'abord enlevé par une attaque vigoureuse de nos troupes, mais le lendemain, les Prussiens, revenus plus nombreux, reprenaient le dessus. Cette journée fut une des plus sanglantes du siège de Paris, un bataillon des gardes mobiles de la Seine y avait particulièrement souffert. Le fils de l'ancien ministre Duruy y trouva une mort héroïque. En même temps l'arrivée de M. Thiers faisait croire au succès des négociations qu'il avait entamées pour terminer la guerre.

Ces évènements jetaient un grand trouble dans la population et la surexcitaient au plus haut point. Le parti démagogique allait indignement l'exploiter.

31 Octobre.

J'avais alors rejoint mon bataillon. Dans la nuit le rappel se fit entendre, en peu de temps nous fûmes sous les armes et reçûmes l'ordre d'aller immédiatement avec le 3e bataillon à l'hôtel de ville pour dégager le Gouvernement.

L'insurrection fut facilement domptée, mais elle indiquait un état d'esprit des plus dangereux pour l'avenir. Le Gouvernement y voyait une préoccupation d'ordre intérieur qui s'ajoutait à celle plus alarmante du dehors. Un de mes souvenirs personnels est la vue de la mort de Félix Piat, tué dans une colonne Rambuteau, à peu de distance de l'endroit où je me trouvais. Les nuits suivantes, notre bataillon eut à faire des rondes dans les rues de Paris et dut s'installer à la caserne du Prince-Eugène.

La position du Gouvernement, très ébranlée par les émeutes des jours précédents, devenait délicate. Il crut opportun d'avoir recours à un plébiscite pour faire confirmer ses pouvoirs aussi bien par la population que par l'armée. Le vote du 3 novembre lui donna une écrasante majorité. Dans la population, le recensement accusa 326,000 *oui* contre 53,000 *non*. Dans l'armée, 236,000 *oui* contre seulement 9,000 *non*. Le résultat fut proclamé sans trouble.

Nous revînmes de nouveau au quai d'Orsay pour faire définitivement partie, avec les 2ᵉ et 3ᵉ bataillons des mobiles de la Somme, du 52ᵉ régiment, sous le commandement du colonel Boucher, brigade Porion, division Corréard, corps d'armée Vinoy. Les 3ᵉ, 4ᵉ et 6ᵉ bataillons de mobiles de la Somme furent placés sous les ordres du lieutenant-colonel Arthur Danzel d'Aumont, 54ᵉ régiment.

L'armée de Paris entièrement organisée se composait de trois armées :

La première, général Clément Thomas, comprenant la garde nationale, forte de 200,000 hommes environ.

La deuxième, général Ducrot, avec 100,000 hommes de ligne et cavalerie et 40,000 hommes des mobiles.

La troisième, général Vinoy, 50,000 hommes de ligne et marins, 40,000 hommes des mobiles et 30,000 des bataillons de marche.

La deuxième et la troisième armée, seules devaient sortir de l'enceinte de Paris.

Au rapport paraissait ma nomination d'adjudant-major du bataillon et celle d'Engerrand, lieutenant de la 1re Cie, aux fonctions d'officier payeur. Le surlendemain, on procédait à l'élection de mon remplaçant à la 3e Cie. Le sous-lieutenant Y. d'Hantecourt était nommé lieutenant et le sergent du Plouy sous-lieutenant. Dans la 1re Cie, le sous-lieutenant Tacquet devenait lieutenant et le sergent-major Carré sous-lieutenant.

Le 3e bataillon des mobiles de la Somme quitte notre régiment. Un décret de ce jour nomme le commandant d'Anzel d'Aumont lieutenant-colonel et lui donne l'ordre de former un groupe composé des 3e et 6e bataillons de la Somme et du 1er de la Marne. Ils sont attachés à la 3e armée de Paris, (général Vinoy).

Les généraux Corréard et Porion nous passaient en revue sur l'esplanade des Invalides. Les jours suivants furent très calmes, aucun évènement ne vint troubler le repos dont nous ne demandions cependant qu'à sortir. C'est à ce moment que je fis l'acquisition d'un cheval. Le colonel Boucher m'en avait en effet donné l'ordre, afin que je puisse plus facilement l'accompagner dans ses

inspections. Je trouvai pour 500 francs une grande
bête baie que j'appelai *Malakoff.* Elle me rendit
jusqu'au bombardement de réels services. A la fin
du siège, je la vendis pour la boucherie 955 fr.,
c'était une assez bonne opération.

25 Novembre.

Le bataillon partit le lendemain pour occuper le
petit Vanves, derrière le fort. Le colonel me prit
avec lui pour aller reconnaître le futur cantonnement de nos hommes et visiter les maisons abandonnées par les habitants. Cette nuit fut la
dernière que nous devions passer dans Paris,
puisqu'à partir du lendemain jusqu'à la fin du
siège, nous ne quittâmes plus les tranchées sous
les forts de Montrouge, Vanves et Issy.

L'effectif du bataillon qui était, au départ d'Abbeville, de 1,200 hommes, se trouvait réduit à 1,025
valides par suite des morts et des maladies.

La tranchée dans laquelle on nous installait
était située un peu en avant des forts de Montrouge et de Vanves, qu'elle reliait. C'est dans ce
fossé, large de 2 mètres et profond de 2^m,50 y
compris le talus, que nos mobiles fixaient leurs
toiles de tente. Pour faire la cuisine, ils n'avaient
que du bois récolté par eux pendant la nuit dans
les maisons abandonnées des alentours.

A 100 mètres environ en avant de ces tranchées
était placée, dans un trou, une sentinelle qu'on
relevait d'heure en heure. La position du soldat en
vedette ne laissait pas d'être assez critique, car

il se trouvait à portée de fusil des avant-gardes prussiennes.

Les travaux de contre-approche, commencés au début d'octobre, avaient été dirigés avec une science remarquable par le général Tripier. Cet officier appartenait au cadre de réserve. Au siège de Sébastopol, ayant suivi de près les opérations de défense des assiégés, son plan était de les imiter. Autorisé par le gouverneur de Paris à le mettre à exécution, il s'y consacra avec une telle ardeur qu'en peu de temps on vit nos positions enveloppées d'un réseau de tranchées de plus de 25 kilomètres. Mieux que tous autres, nos mobiles furent à même d'apprécier la protection efficace de ces abris.

Les tranchées que jusqu'à la fin du siège nous devions occuper s'étendaient de la vallée de la Bièvre à la Seine, passant devant les forts de Montrouge, Vanves et Issy et descendant des Moulineaux jusqu'à l'île de Billancourt.

A côté de nous campaient des troupes de ligne et des bataillons de marche de Paris. Le langage, la tenue et les habitudes de ces derniers étaient pour nos hommes un exemple des plus fâcheux. Ceux-ci, heureusement, ne concevaient que du mépris pour ces hordes de braillards.

Pour se distraire pendant ces longues journées, les mobiles plaçaient un képi sur le haut d'un bâton, de manière à ce qu'il dépassât le rideau. Aussitôt les balles prussiennes sifflaient à l'entour et quelquefois l'atteignaient.

28 Novembre.

Nous comprîmes qu'une action importante allait s'engager. Sous nos yeux se succédaient des trains de wagons blindés, et passaient sans interruption de nombreux régiments. Nous sûmes par le colonel que, d'accord avec le général Trochu, le général Ducrot, à la tête du 2ᵉ Corps d'armée, se proposait de tenter une sortie en masse du côté de Champigny et de trouer les lignes d'investissement dans le but de faire sa jonction avec l'armée de la Loire. Pendant la nuit du 28 au 29, des ponts devaient être jetés sur la Marne, vers Joinville, pour permettre dans la journée le passage des troupes.

La mission du 3ᵉ Corps, dont nous faisions partie, avait pour objectif ce même jour le village de l'Hay, la gare aux bœufs avec simulacre de passage sur la Seine. On espérait que cette diversion attirerait de ce côté une grande partie des forces ennemies et rendrait plus facile l'opération du 2ᵉ Corps. Le général Vinoy, qui commandait le 3ᵉ Corps, avait sous ses ordres les divisions Maud'huy, Corréard et Pothuau à laquelle nous appartenions.

29 Novembre.

Dès le matin, on nous fit prendre les **armes** et nous allâmes nous ranger en bataille sur **la route** stratégique entre Châtillon et Vanves. Nous pouvions espérer recevoir enfin le baptême du feu,

Les troupes du général Vinoy accomplirent avec des prodiges de valeur une marche en avant, s'emparèrent de la gare aux bœufs et de l'Hay, et gardèrent le soir les positions acquises. C'était un succès relatif, mais nos pertes étaient sanglantes. On avait perdu 30 officiers et un millier d'hommes. Malheureusement, l'entreprise du Corps de Ducrot n'avait pas réussi, une crue subite de la Marne ayant empêché l'établissement des ponts. L'affaire était remise au lendemain.

Nos hommes, le soir, couchaient dans les tranchées. La température s'abaissa subitement pendant la nuit; le froid devint extrêmement vif et pénétrant.

30 Novembre.

Dès l'aube, la fusillade recommença de plus belle. Le colonel Boucher m'apprit que la tactique était changée pour le 3ᵉ Corps et que nous avions toute chance de prendre cette fois une part active à l'engagement. Au lieu de faire seulement une diversion, Vinoy, avec tout son corps d'armée, devait passer la Seine et rejoindre celui de Ducrot. Des travaux mieux dirigés sans doute permirent à Ducrot de traverser la Marne et de livrer bataille autour de Champigny. Le secours qu'il attendait du 3ᵉ Corps dans la matinée, lui fit défaut. Cette fois, ce fut Vinoy qui ne put exécuter son projet; il lui fut impossible de lancer sur la Seine les deux ponts qui devaient permettre le passage de ses troupes.

Ainsi s'explique l'inaction pénible dans laquelle nous restâmes toute la journée.

Les combats du 30 avaient été très meurtriers de part et d'autre. Les troupes de Ducrot, on ne peut le nier, avaient subi un échec, mais elles s'étaient battues avec une bravoure admirable et avaient en somme gardé leurs positions au delà de la Marne.

Elles passèrent la nuit au bivouac, par une température de 10° au-dessous de zéro.

1er Décembre.

La journée fut relativement calme et consacrée pour ainsi dire d'un commun accord à relever les blessés et enterrer les morts.

Les ennemis en profitaient cependant pour masser leurs troupes et se fortifier dans les villages occupés par eux. Des hommes compétents ont fait le reproche au général Trochu de ne pas avoir imité la même tactique en renforçant le 2e Corps très éprouvé la veille par des troupes fraîches tirées du 3e Corps.

2 Décembre.

Le soleil se leva brillant rappelant celui de la bataille d'Austerlitz dont c'était l'anniversaire. Mais il nous manquait Bonaparte.

Dès l'aube, les Allemands se mettaient en mouvement et nous attaquaient sur toute la ligne à la fois, depuis Champigny jusqu'à Bry. Les troupes de Ducrot soutinrent cet assaut avec une vigueur inouïe et ne se laissèrent nulle part déloger de leurs positions. L'artillerie, bien inférieure à celle de l'ennemi, déploya une énergie et une valeur au-dessus de tout éloge.

Quoiqu'il en soit, le plan de sortie de Trochu et Ducrot avait échoué. Les lignes d'investissement n'étaient point franchies, on ne pouvait songer à maintenir les troupes dans la position fort périlleuse où elles se trouvaient. L'ordre fut donné à leurs chefs de repasser la Marne et de rentrer dans Paris. La retraite se fit en bon ordre, sans être inquiétée par l'ennemi. Celui-ci, du reste, voyait avec satisfaction cette détermination, preuve de l'échec de notre entreprise. Cette retraite ne laissa point de produire sur le moral de nos soldats un effet désastreux. Cependant, le 3ᵉ Corps victorieux dans les engagements partiels où on l'avait engagé, conservait la plus grande confiance dans son chef, le général Vinoy. On connut plus tard que celui-ci avait soumis le 1ᵉʳ décembre au gouverneur de Paris le plan d'une marche immédiate sur Versailles où se trouvaient le roi de Prusse et Bismarck et qui était le siège principal des opérations militaires.

On ne laisserait qu'une division en présence de l'ennemi, très affaibli par les luttes des jours précédents. Les autres, à la faveur de la nuit, traverseraient Paris suivant ainsi le chemin le plus court et tenteraient de surprendre le quartier général prussien.

En présentant ce projet, Vinoy pensait à la sortie de Ducrot sur la Malmaison, le 21 octobre, attaque qui avait jeté parmi les Prussiens une si grande alarme qu'ils s'étaient empressés de mettre hors de danger les bagages du roi. Il est vrai qu'à partir de cette époque Versailles avait été fortifié, mais la concentration de leurs troupes le 1ᵉʳ décembre à Champigny affaiblissait singulièrement la garnison de la place.

D'autre part, pour arriver au secours de Versailles, les Allemands ayant un long parcours à fournir n'auraient pu arriver assez à temps pour s'opposer à l'attaque des Français.

C'était une décision suprême à exécuter avec une grande hardiesse. En cas de succès, ses conséquences eussent été incalculables.

Toujours hésitant et perplexe le général **Trochu** rejeta le projet, préférant courir les chances de la lutte engagée conformément à son plan, lutte dont on sait le triste résultat.

3 Décembre.

Nous revînmes occuper les tranchées devant le fort de Vanves.

Les troupes du général Ducrot prennent position sur le plateau de Vincennes et font des funérailles solennelles aux généraux Renault et de Ladreil de la Charrière tués aux combats de Champigny où les pertes des Français furent considérables. Un seul régiment de mobiles d'un effectif de trois mille cinq cents hommes en avait

6

perdu plus de mille parmi lesquels le colonel et trois chefs de bataillon.

A partir de cette époque nous retombons dans le calme. La population civile aussi bien que l'armée est cruellement éprouvée par le froid et la faim. La viande est distribuée dans Paris en petite quantité, le pain n'est plus qu'un mélange de son et de paille ; pour se les procurer, les habitants sont contraints à des stations interminables les pieds dans la neige, devant les boutiques des bouchers et boulangers. La mortalité augmente dans des proportions effrayantes.

Au milieu de la nuit du lendemain on nous faisait subitement quitter les tranchées de Vanves pour occuper celles au-dessous du fort de Montrouge, où se trouvaient déjà des marins et un régiment de ligne. A peu de distance était Bagneux où se produisaient de continuels engagements. Notre bataillon fournissait chaque jour deux compagnies de grand'gardes, les autres dans le parc de Montrouge servaient de soutien. Pendant cette nuit un caporal fut tué en allant relever une sentinelle dans un de ces trous en avant des tranchées.

La neige alors couvrait le sol, le froid était rigoureux et la position des pauvres mobiles était des plus pénibles. A chaque instant sifflaient à leurs oreilles les balles de rempart, longues de cinq à six centimètres et grosses comme le doigt. Un de nos hommes en reçut une en pleine figure.

Dans le but d'empêcher toute circulation, les

Allemands faisaient un véritable abus de ces projectiles lancés par leurs fusils de remparts à
longue portée. J'ai conservé quelques balles de
remparts, on se rend compte en les voyant des
affreuses blessures qu'elles occasionnaient.

Lorsque nos soldats passaient la nuit dans les
tranchées, les officiers couchaient également sous
la tente. Mais quand le service le permettait
certaines compagnies revenaient dans les maisons
abandonnées en arrière du fort. Dormir à l'abri,
sur un plancher sec, constituait pour les mobiles
un repos salutaire et une véritable jouissance.
Pourtant même pour les troupes ainsi canton-
nées en deçà du fort le bombardement n'était pas
sans danger. A chaque instant les obus prussiens,
dépassant le but, tombaient sur les maisons et y
faisaient de grands dégâts. On me permettra d'en
donner pour preuve un incident que mes camarades n'ont certainement pas oublié. Un soir,
alors que nous étions cantonnés route d'Orléans,
nous nous réunimes à une dizaine d'officiers dans
une jolie maison de la villa d'Orléans. Nous vou-
lions nous égayer et varier nos émotions par une
forte partie de baccarat. Vers minuit au moment
où le banquier donne les cartes, un obus éclate
dans la rue et met en miettes les volets de notre
salle de jeu. Instinctivement, nous mettant la tête
dans les mains, nous crions : « Entrez »... Mais la
partie n'était pas interrompue une seconde, et le
banquier abat neuf avec le plus grand calme.

Le fort de Montrouge, dont l'artillerie était

admirablement dirigée, occasionnait aux Prussiens établis vers Bagneux et Châtillon des pertes considérables. Ceux-ci pour s'en venger le criblaient de leurs projectiles. Au-dessus de nos têtes les obus sillonnaient la nue, laissant derrière eux dans la nuit une traînée lumineuse semblable à celle d'un éclair. Le spectacle en était saisissant et superbe, un vrai feu d'artifice !

Des hauteurs du fort on apercevait l'ennemi installant ses batteries, on se demandait si c'était en vue d'un prochain bombardement ou d'un assaut. Pour entrer dans la ville de ce côté du sud, il leur fallait en effet écraser les forts, et détruire les batteries mobiles intermédiaires. Les tranchées alors et les troupes qui les occupaient n'eussent pas été un obstacle assez puissant pour arrêter leur coup de force.

En prévision de cette attaque, le colonel Boucher nous fit établir pour protéger les tranchées, des travaux de terre ; c'est pendant la nuit et sous sa direction qu'on y procédait. Je l'accompagnais dans ses inspections. Souvent pour passer du fort de Vanves à celui de Montrouge il nous fallait ramper dans les fossés de la route stratégique. Constamment à l'approche de ces forts, les obus tombaient sur la route, mais les éclats passaient heureusement sur nos têtes.

Nous étions au milieu de décembre et jouissions d'une température un peu plus douce quand survint la petite vérole, conséquence fatale des privations et des souffrances. En quelques jours on dut évacuer sur le dépôt et dans les ambulances plus de deux cents hommes du bataillon.

De temps à autre les pigeons voyageurs apportaient des nouvelles de l'extérieur. Elles étaient désespérantes. Un jour on apprenait la prise d'Orléans, un autre l'occupation d'Amiens et de Rouen, et enfin la défaite et la retraite de l'armée de la Loire.

A l'intérieur de Paris la misère grandissait et les vivres atteignirent des prix de plus en plus exorbitants. Nos mobiles cependant recevaient régulièrement leurs rations de campagne, j'indiquerai par un tableau en quoi elles consistaient.

Parfois quand la chance nous favorisait on parvenait à acheter à des prix usuraires des espèces d'andouillettes. Dieu seul et le fabricant savaient ce qu'il y entrait ! Les plus fortunés arrivaient à se procurer aussi un peu de viande fraîche, mais à quel prix !

J'ai su par un lieutenant du bataillon qu'avec quelques amis ils avaient acheté une dinde étique n'ayant littéralement que la peau et les os pour 160 francs.

20 Décembre.

Je fus invité à dîner par un de mes meilleurs amis, Gabriel Poujol de Molliens, lieutenant au 2ᵉ bataillon des mobiles de la Somme, campé à côté de nous. Il avait acheté avec son capitaine Poussard un morceau de mulet tué au fort de Montrouge. Jamais filet, fût-il même aux truffes, ne m'a semblé plus succulent, c'était au moins un morceau de viande fraîche, nous n'y étions plus habitués. Depuis Champigny on ne nous distribuait plus que des conserves de chevaux recueillis sur ce champ de bataille.

22 Décembre.

Le colonel offrait un dîner aux généraux Porion et de Chamberet qui venaient nous inspecter. Je fus chargé du menu. Le lieutenant payeur Enguerrand était aussi du dîner ; il avait un ordonnance très débrouillard, nommé Dingeon, auquel je remis un louis pour aller dans Paris nous chercher un morceau digne de nos hôtes. Il partit et nous rapporta une espèce de gigot, qu'on lui avait vendu pour du mouton mais qui sans doute était du chien. Néanmoins il fut trouvé excellent.

25 Décembre.

Nouvel abaissement de la température, onze degrés au-dessous de zéro, un vent violent et âpre nous glace dans les tranchées. Le soir, officiers et soldats se rendent à l'église de Montrouge pour y entendre la messe de minuit. L'assistance composée en grande partie des mobiles des 1er et 2e bataillons de la Somme, était nombreuse et recueillie. De toute part le canon gronde et donne à cette cérémonie un caractère singulièrement imposant. La petite église perdue dans la neige semble trembler sur sa base. Le prêtre qui célébrait

l'office récitait les prières avec une onction qui produisait sur nous une profonde émotion. Il appartenait à l'ordre des Jésuites, c'est-à-dire à cette
glorieuse phalange de religieux dont quelques
mois plus tard plusieurs tombèrent sous les balles
de la Commune. L'attitude des mobiles montrait
qu'ils étaient heureux d'assister à cette fête chrétienne, leur rappelant celle du village. Les jours
qui suivirent furent extrêmement pénibles pour
les bataillons. On craignait une attaque imminente
des Allemands, les mobiles étaient pour ainsi
dire jour et nuit consignés dans les tranchées.
Plusieurs cas de congélation se produisirent. Le
moral heureusement restait bon, la gaieté régnait
encore au milieu de ces cruelles souffrances.

En fumant leurs pipes les mobiles chantaient
leur refain favori :

> Les mobiles en campagne, tra-la-la
> Mangent des choux, des pommes de terre
> Et laissent les carottes pour les lignards.
> Les mobiles...

> Bismark si tu continues
> De tous tes Prussiens, il n'en restera guère,
> Bismark si tu continues
> De tous tes Prussiens il n'en restera plus.

> Mac-Mahon n'est pas un C
> Il nous fait manger du cochon
> Il y a la goutte à boire là-haut.

La viande de cheval distribuée parcimonieuse-ment était plus coriace que du caoutchouc. La chaleur parvenait à peine à l'amollir, mais l'eau dans laquelle elle mijotait se troublant prenait un faux aspect de bouillon.

Dans Paris, la disette de combustible, l'une des plus pénibles épreuves du siège, amenait de sérieux désordres. Des bandes de nécessiteux et de maraudeurs abattaient des arbres, arrachaient des clôtures, détruisaient même les baraque-ments.

Les Prussiens ignoraient moins que personne la situation précaire de la ville assiégée. Bismark comprenant que l'émeute pourrait être son meil-leur auxiliaire n'eut plus d'autre objectif que de la favoriser en poussant à ses dernières limites la surexcitation de la population. Au lieu de conti-nuer les travaux du siège il changea de tactique et résolut le bombardement.

Sur le plateau d'Avron, occupé par les troupes françaises, et à peu de distance de nos tranchées se trouvaient 75 pièces de marine dont le feu gênait l'ennemi.

27 Décembre.

Une véritable pluie d'obus s'abattit subitement sur cette position nous causant les plus grandes pertes. Douze officiers et une centaine d'hommes tombèrent frappés à mort sans pouvoir se défendre. Notre artillerie répondait avec vigueur, la canon-nade était étourdissante. La nuit fut calme, mais le lendemain dès l'aube les batteries allemandes recommencèrent leur feu avec une telle justesse, qu'à midi le gouverneur donna l'ordre d'évacuer le plateau. Les chevaux faisant défaut, artilleurs et marins durent s'atteler aux pièces qui toutes furent mises en sûreté.

31 Décembre.

Enfin arriva la fin de cette malheureuse année qui marquera dans les annales du siècle comme une des plus néfastes à tous points de vue que la France ait traversées. Le siège durait depuis 104 jours ; en province nos armées luttaient encore avec toute l'énergie du désespoir, mais elles étaient la plupart du temps écrasées par des forces dix fois supérieures.

C'est donc sous les plus tristes auspices que s'ouvrait l'année 1871. Toute illusion d'être secourus par les armées de la défense nationale semblait perdue. Restait une seule chance, celle de voir le général Trochu parvenir avec les forces énormes dont il disposait et par une sortie en masse, à rompre le cercle de fer qui nous étreignait. Cette sortie n'eut lieu que quinze jours plus tard.

1ᵉʳ Janvier.

Comme étrennes, le bataillon reçut des rations de vivres pour huit jours, mais on les déposa dans le magasin, en prévision d'une marche en avant. Ceci nous fit croire qu'enfin nous allions être uti-

VIVRES DE CAMPAGNE DU BATAILLON

SIÈGE DE PARIS, 1870-1871

(Pour 2 jours)

	PAIN	RIZ ou POIS	SEL	VIANDE CONSERVÉE	CAFÉ	SUCRE	EAU-DE-VIE	VIN	BOIS
Du 22 Septembre au 20 Octobre	1500 gr.	150 gr.	10 gr.	200 gr.	20 gr.	15 gr.	1 décilitre	1/2 litre	3 kilog.
Du 20 Octobre au 20 Novembre	1000	100	10	175	20	15	1 —	1/2 —	2 —
Du 20 Novembre au 10 Décembre	1000	100	10	150	20	15	2 —	1/4 —	2 —
Du 10 Décembre au 1er Janvier	500 gr. et 4 biscuits	75	10	160	20	15	2 —	1/4 —	1 —
Du 1er Janvier au 10 Janvier	6 biscuits	75	10	140	20	15	2 —	1/4 —	1 —
Du 10 Janvier au 16 Janvier	6 biscuits	75	10	140	20	15	2 —	1/4 —	1 —
Du 16 Janvier au 26 Janvier	500 gr. et 4 biscuits	200	10	120	20	15	2 —	1/4 —	1 —

lisés. Les mobiles crient stoïquement : Gare la casse ! Ils ont hâte de sortir des tranchées qui couvertes de neige ressemblent véritablement à des terriers de renards.

Pour ne pas attirer l'attention de l'ennemi, les sonneries sont supprimées, la tristesse de la situation n'en devient que plus énervante.

4 Janvier.

Le colonel Boucher me prit avec lui pour faire une ronde de nuit. Son but était d'arriver au fort de Vanves, distant d'environ deux kilomètres de notre baraquement. Jamais je n'oublierai cette périlleuse et nocturne pérégrination, interrompue à chaque instant par la chute des obus ; le calme imperturbable de mon chef me communiquait un sang-froid dont je suis encore étonné.

Le commandant du fort nous fit l'accueil le plus aimable, avec lui nous visitâmes en détail les travaux de défense et les casemates. Il nous apprit que dans la journée il avait aperçu des glacis les batteries prussiennes qu'on démasquait. Pour lui c'était l'indice certain d'un prochain bombardement des forts et peut-être de Paris. Le lendemain, sa prédiction se réalisa. — Dès l'aube les batteries prussiennes, installées sur les hauteurs de Châtillon et de Bagneux, s'attaquèrent au fort de Vanves, qui bientôt fut réduit au silence. Montrouge répondait avec plus de succès, mais ses défenseurs étaient cruellement décimés. C'est

là que fut tué à son poste de combat le lieutenant
de vaisseau Saisset, fils de l'amiral commandant
une des sections de Paris. J'avais été le camarade
de ce jeune officier au collège des Jésuites de la
rue des Postes. Peu de jours avant j'avais été
heureux de le retrouver et de refaire sa connais-
sance.

La position du bataillon dans les tranchées
n'était plus tenable. Nos chefs le comprirent et
nous ramenèrent dans les maisons en arrière du
fort. Là, du moins, nous étions plus à l'abri, pourtant nos logements furent souvent traversés de
part en part par les obus.

Les travaux du petit génie avaient été confiés au
lieutenant A. Fleury, du 2ᵉ bataillon des mobiles
de la Somme. Sous ses ordres, nos soldats, pendant la journée, remplissaient des sacs de terre,
que la nuit il fallait porter dans le fort pour répa-
rer les dommages causés aux batteries.

De tous les forts du sud celui d'Issy était le
plus isolé et sous la protection moins directe du
mont Valérien. Pour l'écraser, les Allemands
avaient installé une batterie de six pièces au
pavillon de Breteuil, une autre de vingt-quatre sur
le terrain de Meudon et trois autres enfin dans le
bois de Clamart.

Cette formidable artillerie accablait de projectiles, tantôt les forts, tantôt les batteries intermédiaires, tantôt les bastions de l'enceinte ; elle arrivait à lancer plus de 10,000 obus dans une même
journée, environ six coups à la minute.

C'est vers le milieu du jour et à minuit que leur feu atteignait son maximum d'intensité. En cela, ils imitaient la tactique de nos officiers d'artillerie qui pouvaient ainsi laisser à leurs soldats quelques moments de repos et permettre la réparation des dégâts.

Cette première journée fut fatale aux forts du sud et c'est alors qu'on put regretter l'abandon des hauteurs de Châtillon.

5 Janvier.

Dans cette même journée, quelques obus tombèrent dans les quartiers sud de la ville. Tout d'abord, on pensa qu'ils provenaient d'erreur de tir, car on se refusait à croire au bombardement de Paris. Bientôt il fallut se rendre à l'évidence.

Le lendemain, en effet, le jardin des Plantes, l'Ecole Militaire, le Luxembourg et le Panthéon recevaient une grêle de projectiles qui occasionnaient même quelques incendies.

Pendant leur guerre sauvage, les Prussiens n'épargnaient même pas les établissements hospitaliers, ils semblaient au contraire les viser de préférence. C'est ainsi que l'hôpital du Val-de-Grâce et la Salpêtrière furent particulièrement éprouvés.

8 Janvier.

La température remonta et le temps devint plus doux, nous espérions par suite, l'arrivée des pigeons voyageurs. On sait en effet que cet oiseau

7

hésite à remonter vers le nord quand la gelée y est trop forte. Ce service était encore dans l'enfance de l'organisation et rendit peu de services pendant le siège. Les vents du nord poussaient les ballons vers le sud de la France, aussi les pigeons revenaient rarement. Un de ces messagers nous apporta de Tours la nouvelle de l'avantage de nos troupes à Bapaume. Ce succès nous remplit d'enthousiasme, nous ne nous doutions pas qu'il allait être suivi de cruels revers.

9 Janvier.

Ce fut surtout sur l'intérieur de Paris que les Prussiens dirigèrent leur tir. Les forts du sud ne répondaient plus du reste que faiblement ; seules les batteries intermédiaires continuaient la résistance. L'une d'elles, entre les forts de Vanves et Montrouge, se trouvait en arrière de nos tranchées à trois cents mètres environ. Comme elle occasionnait sans doute à l'ennemi des pertes sensibles, celui-ci résolut de la réduire au silence. Sur elle, il convergea tous ses feux, le tir était tellement bien assuré que les obus pénétraient par les embrasures et mettaient en éclats tout ce qu'ils rencontraient. En quelques heures, la batterie fut mise hors de combat, mais les artilleurs qui la servaient ne quittèrent leur poste qu'à la dernière extrémité.

C'était pour nous un triste mais curieux spectacle. La bravoure des soldats, artilleurs et marins, émerveillait nos mobiles. Je puis affirmer que l'impossibilité où nous nous trouvions de leur être de quelques secours nous était pénible. Pendant la nuit, étant dans les tranchées, nous apercevions dans les airs, décrivant leur courbe, les obus à matières inflammables lancés par les Prussiens sur Paris. Les mobiles les voyant passer s'écriaient : « Voyageurs pour Paris, en voiture ! »

10 Janvier.

Dans la nuit nous vimes un groupe de marins franchir nos tranchées et ramener prisonnier un poste prussien de cinquante hommes et leur officier.

Combien l'audace et la bravoure des marins contrastait avec l'attitude des gardes nationaux. Ceux-ci arrivaient le soir en braillant dans nos cantonnements, soi-disant pour renforcer les troupes des tranchées, mais ils s'empressaient de déguerpir dès que paraissait le jour.

A cinq cents mètres du fort d'Issy se trouvait une position assez importante occupée par les Prussiens, dite le Moulin de Pierres.

13 Janvier.

A cinq heures du soir, le colonel Boucher reçut l'ordre de rejoindre les généraux Corréard et Porion et de tenter, par une sortie, d'enlever cette position. Le plan d'attaque était bien combiné, mais la concentration des troupes n'avait pas échappé à l'ennemi qui surveillait attentivement nos moindres mouvements. L'arrivée de nos avant-gardes fut saluée par une fusillade tellement nourrie que le projet dut être abandonné et qu'on fut obligé de rétrograder vers les tranchées.

L'insuccès de cette tentative eut pour conséquence de laisser les Allemands installer sur ce point culminant une batterie de mortiers, dont les bombes d'un énorme diamètre devaient écraser quelques jours plus tard les casemates du fort d'Issy.

On raconta dans nos tranchées qu'une nuit Bismark faisant une inspection dans les batteries, fut couvert de terre par un obus français qui éclata près de lui. Aussitôt sur cette aventure, le couplet suivant :

> As-tu vu Bismark
> Au Combat de Châtillon
> Qui a perdu son casque
> D'un boulet de canon.

14 Janvier.

Nous fûmes envoyés dans les tranchées en avant de ce fort, à une si courte distance des postes allemands que toute circulation pendant le jour était naturellement impossible. A la nuit tombante, le bataillon se mit en marche, mais la neige glacée la rendait lente et pénible, nous traversâmes le lieu dit Californie et n'arrivâmes à destination qu'à onze heures du soir, nous n'avions parcouru que trois kilomètres environ.

Le lendemain, il n'y eut pas de service de tranchées, on nous réservait pour la nuit une corvée que nos mobiles n'ont pas oubliée. C'était l'enlèvement de toutes les munitions en réserve dans la poudrière du fort d'Issy.

Principal objectif des ennemis les jours précédents, ce malheureux fort avait l'aspect d'un squelette. Ses casemates étaient défoncées, ses pièces étaient hors de service, ses escarpes endommagées présentaient de larges ouvertures qui en eussent rendu la prise facile. Par un effet de hasard seule la casemate renfermant les obus en très grande quantité restait intacte. A huit heures du soir on commença l'opération, la chaîne formée par les mobiles partait de la poudrière, traversait le fort, la poterne, les fossés, gagnait les tranchées et aboutissait au parc des aliénés où les munitions étaient déposées. A cause de son numéro d'ordre, notre bataillon avait la situation la plus dangereuse. Son service commençait en effet à partir de la poudrière jusqu'aux fossés. Près de nous, la caserne était en feu et menaçait ruine, les bombes pleuvaient drues comme grêle. Quand elles arrivaient, les mobiles criaient : « Gare la bombe ! » se jetaient par terre, et reprenaient aussitôt après l'explosion leur chaîne interrompue. Dans la nuit sombre et froide, l'incendie produisait un effet aussi féerique que lugubre.

La moindre imprudence pouvait avoir des con-

séquences les plus graves, mais les soldats gar-
daient leur sang-froid et faisaient la meilleure contenance. Un seul homme, le clairon Rèche, de la
1ʳᵉ compagnie, fut blessé ; après la guerre on le
récompensa par la médaille militaire.

Le fort d'Issy contenait encore quatre-vingt-dix
pièces de canons, et plus de 3,000 obus. Le matin,
quand on l'abandonna définitivement, tout était
enlevé.

15 Janvier.

Pendant cette nuit, une vive fusillade éclatait
à l'extrémité de l'avenue des Moulineaux. En
avant et au-dessous du fort d'Issy s'étend le parc
des Jésuites ; à une extrémité s'élève l'habitation
occupée alors par la 8ᵉ compagnie du 3ᵉ bataillon
des mobiles de la Somme. C'était ce poste avancé
que l'attaque vigoureuse des Prussiens avait pour
principal objectif. Un instant débordés, les mobiles
sont obligés de céder, mais le lieutenant Borel de
Brétizel, commandant la compagnie en l'absence
du capitaine les ramène, et faisant lui-même le
coup de feu, parvient à repousser l'ennemi. Vers
minuit, notre bataillon lui envoya des renforts.
Les Prussiens tentèrent un retour offensif, mais
se heurtant à une vigoureuse résistance, ils se
retirèrent emportant les morts et les blessés que
l'on sut plus tard avoir été nombreux.

La situation de nos troupes cependant ne laissait
pas d'être aussi critique que singulière, une partie
du château étant occupée par les Français, l'autre
par les Allemands.

Toutes les portes de communication étaient condamnées et barricadées à grand renfort de meubles, sommiers et matelas.

16 Janvier.

Nous fournissions à la grand'garde du parc des Jésuites une compagnie dont la relevée était fort périlleuse. Il fallait, en effet, pour atteindre ce poste, passer sous le feu de l'ennemi installé sur le viaduc du chemin de fer de Versailles. La construction d'une barricade s'imposait. Le colonel commanda une corvée de 150 hommes pour ce travail et m'en confia la direction. La compagnie du lieutenant de Brétizel vint encore nous seconder.

Ce ne fut pas sans difficulté ni péril que nous parvinmes à établir cet abri. La rigueur du froid rendait l'opération plus pénible ; elle s'exécuta cependant sans bruit et dans l'ordre le plus parfait.

A l'ordre du jour, le colonel avait recommandé aux hommes de garde la plus grande vigilance et le plus grand sang-froid, le moindre incident pouvant amener une prise d'armes entre les occupants.

Notre bataillon fournit également une compagnie à l'île de Billancourt et une au cimetière d'Issy.

Bien que le dégel fût commencé, le froid n'en devint peut-être que plus humide et plus malsain.

Le sol ramolli permettait enfin de recreuser les tranchées, nos chefs se hâtèrent d'en profiter pour établir dans le cimetière d'Issy des travaux qui nous protégeraient du feu des batteries prussiennes établies au Moulin-de-Pierres, ainsi que je l'ai dit les jours précédents.

C'est à notre bataillon qu'échut cette corvée. Nos mobiles, en tenue de campagne, le fusil en bandoulière, munis de pelles et de pioches, travaillèrent toute la nuit dans la boue glacée.

Les Prussiens exécutaient les mêmes travaux pour garantir leurs batteries de mortiers, ils étaient à une si petite distance qu'on les entendait causer.

Les vivres étaient devenus plus rares et moins substantiels, depuis le 11 janvier le pain avait été supprimé et remplacé par des biscuits renfermés dans des caisses sur lesquelles on lisait encore « Armée de Crimée ». Trempé dans le café, le biscuit était encore mangeable, mais chaque homme n'en recevait que six pour deux jours, ce qui était assurément insuffisant. Quant à la viande de cheval, les meilleures mâchoires aiguisées par la faim ne parvenaient plus à l'entamer.

Ici se place l'affaire de Buzenval-Montretout. La population parisienne et surtout la garde nationale réclamait à outrance une sortie en masse. Le gouverneur la leur accorda et prit en personne le commandement des troupes dont l'effectif se composait de 50,000 hommes d'armée active et 42,000 gardes nationaux mobilisés.

La sortie fut effectuée dans la matinée. J'ai pu suivre toutes les différentes phases, grâce au colonel Boucher. Comme il connaissait par l'état-major le plan du général Trochu, il me proposa de l'accompagner sur les glacis du fort d'Issy, regardant Montretout. Moins que personne il ne croyait au succès et je l'entends encore me dire pendant la bataille : « Voyez cette boucherie, elle n'est faite que pour donner satisfaction à la populace de Paris. » Le plan du général Trochu consistait à attaquer en même temps Montretout, Saint-Cloud, Garches et Buzenval et marcher sur Versailles. L'action fut engagée par les Français avec une vigueur inouïe qui causa aux Allemands une telle surprise qu'elle paralysa leur résistance. L'armée active fit des prodiges de valeur pour se maintenir dans les positions conquises.

Malheureusement il n'en fut pas de même de la garde nationale qui vite démoralisée lâcha pied de toutes parts. Quelques-uns de leurs chefs furent cependant héroïques, plusieurs tombèrent au champ d'honneur, entre autres le jeune peintre Regnault, le capitaine Gustave Lambert et le colonel de Rochebrune.

Comprenant l'inanité de ses efforts, le général Trochu donna le soir le signal de la retraite, qui se fit avec le plus grand désordre, toujours en raison de l'indiscipline des gardes nationaux. Nos pertes avaient été sanglantes, plus de 4,000 hommes mis hors de combat. Comme on le voit, les bataillons de mobiles n'avaient pris aucune part à l'action. Le colonel ne pouvait en contenir son indignation : « Puisqu'on voulait, me disait-il encore tenter un suprême effort il fallait y faire concourir l'armée entière ». Ne lui devait-on pas cette satisfaction après les souffrances qu'elle avait endurées avec tant d'abnégation?

Il ne m'appartient pas de juger la conduite du général Trochu, mais il ne fallait pas être doué d'une grande expérience militaire pour comprendre que c'était folie d'espérer avec 90,000 hommes triompher des défenses formidables accumulées par les Allemands autour de Versailles.

Quand le lendemain le résultat officiel de la bataille fut connu, nous comprîmes que la résistance devenait impossible et que la capitulation n'était plus qu'une affaire de jours.

Bismark profita de l'enthousiasme de ses armées, pour faire proclamer le roi Guillaume empereur d'Allemagne. La cérémonie eut lieu dans la grande galerie des Glaces du château de Versailles, le 18 janvier, jour anniversaire de la naissance du roi. Cette solennité n'entrava pas le bombardement, qui continua au contraire avec une plus implacable rigueur. Bien que le fort d'Issy fut dans l'impossibilité de répondre, il continuait à être l'objectif du tir prussien. Comme nous étions au pied, les obus éclataient au milieu de nous constamment.

19 Janvier.

Une escouade du bataillon, tranquillement installée au soleil contre le pignon d'une maison, préparait la soupe. Tout à coup une bombe tombe au milieu des soldats, éclate avant qu'ils n'aient pu se jeter par terre et trois sont frappés à mort.

Au début de la guerre cet événement eut produit quelque impression, mais nous étions depuis deux mois témoins de pareils accidents et la vue de blessés et de mourants nous laissait hélas ! presque indifférents.

22 Janvier.

Le colonel m'autorisa à me rendre dans Paris, mon but était de chercher à me débarrasser du cheval que j'avais acheté et qui maintenant m'était inutile. J'allai à cet effet trouver un de mes amis de Picardie, M. Dufrien, qui n'avait point quitté la capitale. Avec une bienveillance dont je lui garde un reconnaissant souvenir, il me conduisit chez un marchand de chevaux qui me versa 955 francs. Destiné à la boucherie, mon cheval, malgré son état de maigreur, était encore payé à 2 francs le kilog. Mon fidèle compatriote et ordonnance Emile Defecque se sépara avec regret de l'animal qu'il avait soigné pendant plusieurs mois.

En traversant la capitale je vis l'effervescence qui régnait dans la population. Nous la soupçonnions en effet, mais isolés du centre, nous ne nous en rendions pas exactement compte. Comme toujours les Parisiens étaient passés de l'enthousiasme au plus complet découragement. Après le départ de Gambetta on était convaincu que par le nord et le centre allaient venir des armées de secours. L'annonce des défaites en province et surtout l'échec de Buzenval avaient mis à néant toutes ces illusions. Un parti seul reprenait confiance et relevait la tête, celui de l'anarchie.

Le général Trochu, le grand homme de la veille, était accusé de trahison et forcé de démissionner. Vinoy l'avait remplacé, mais son pouvoir n'était plus guère que nominal. C'est à l'hôtel de ville que passait le gouvernement. La populace comprit vite que son heure était venue, elle se rua sur la prison de Mazas et délivra Gustave Flourens et ses amis politiques.

A la mairie du vingtième arrondissement elle avait pillé les magasins. Un bataillon de mobiles bretons consigné sur la place de l'Hôtel-de-Ville pour y maintenir l'ordre dut, pour se défendre, faire usage de ses armes et la mêlée fut générale, des deux côtés on releva de nombreux morts et blessés, entre autres l'adjudant-major des mobiles et le citoyen Sapia, commandant des Bellevillois.

Obligé pour regagner mon cantonnement de retraverser tout Paris, je fus plusieurs fois arrêté; mon uniforme de mobile me rendait suspect.

Ce spectacle m'avait tellement écœuré que je me retrouvais le soir avec une indicible satisfaction au milieu de mes camarades.

On commença à parler d'armistice, la situation pourtant n'en devint pas meilleure pour les troupes avancées, les Allemands ne perdant pas une occasion de les fatiguer par une incessante fusillade. Une de nos grand'gardes du parc des Jésuites aux Moulineaux était relevée chaque jour. Ce service présentait d'assez grands dangers, car il fallait, sur une distance de 25 mètres, passer à découvert sous le feu des ennemis. Plusieurs de nos hommes ayant été atteints par les balles, le colonel nous ordonna de protéger ce passage par un abri. La barricade fut établie par une corvée du bataillon à l'aide des matériaux trouvés dans la maison Gévelot. La neige tombait à gros flocons. La nuit était éclairée par les incendies de Meudon et de Saint-Cloud.

Sur ces entrefaites, Jules Favre, ministre des affaires étrangères, avait entamé avec le prince de Bismark des pourparlers en vue d'un armistice. Il ne fut signé que dans la soirée du 26 janvier.

Dans ce traité on accordait aux Français le triste honneur de tirer le dernier coup de canon. A minuit précise, le général Vinoy donna l'ordre de cesser le feu et les Allemands arrêtèrent le bombardement. N'étant pas au courant des négociations, nous fûmes littéralement stupéfaits

8

quand à ce coup de minuit le bruit infernal de la canonnade cessa subitement et nous nous demandions ce que présageait ce calme soudain succédant à la tempête.

27 Janvier.

Dans la matinée, tous les chefs de corps furent convoqués au ministère de la guerre par le général Le Flô, qui leur communiquait les conditions de l'armistice.

Le colonel Boucher que j'avais accompagné à l'état-major fut un des premiers à connaître les décisions du gouvernement. En sortant il s'écria : « Tout est fini, c'est une honte ! »

Voici quels étaient les principaux articles de la convention :

« Armistice 21 jours.

« Les armées belligérantes en province resteront dans leurs positions ; on fixera les lignes de démarcation.

« Les Allemands occuperont les forts de Paris sauf Vincennes, mais sans pouvoir pénétrer dans les villages de la zone suburbaine entre les forts et l'enceinte.

« L'armée de la capitale versera ses armes à l'exception d'une division de 12,000 hommes d'armée active et de 3,500 hommes de la garde républicaine, pompiers et douaniers.

« L'artillerie de campagne tout entière et celle de siège seront livrées aux Prussiens.

, « L'introduction d'armes et de munitions est interdite.

« Les voies fluviales et ferrées seront seules employées au ravitaillement.

« Une contribution de guerre de 200 millions sera immédiatement payée par la ville de Paris. »

Dès son retour au cantonnement, le colonel convoqua tous les officiers et leur fit part des instructions qu'il avait reçues.

Il nous donna l'ordre de faire revenir les grand'-gardes et les postes avancés et de nous préparer à rentrer dans Paris.

29 Janvier.

Le bataillon quittait Issy et venait prendre son cantonnement en deçà de l'enceinte, dans les casemates du Point-du-Jour. A peine avions-nous quitté nos positions que les Allemands prenaient possession du fort d'Issy.

C'était la fin d'un siège qui avait duré 135 jours, nous avions vécu deux longs mois dans les tranchées, exposés à toutes les souffrances, les privations et les dangers.

Le bombardement avait duré 23 jours.

D'après les appréciations les plus sérieuses, on peut estimer à plus de 12,000, les projectiles reçus par la capitale, envoyés par plus de 140 pièces installées au-dessus des forts du Sud. Ces forts avaient reçu plus de 40,000 obus ; ils étaient du reste, avec leurs bâtiments incendiés, leurs case-

mates effondrées et leurs murailles abattues sur
une grande longueur, presque entièrement dé-
truits.

Comme je l'ai déjà dit, les batteries françaises
répondant aux Prussiens se trouvaient au Mont
Valérien, au fort de Bicêtre, Montrouge, Vanves,
Issy ; des batteries mobiles avaient été installées
entre les forts et aux redoutes des Hautes-
Bruyères et Villejuif.

Paris était vaincu et humilié, mais l'honneur
restait sauf. La résistance de ses défenseurs avait
été héroïque.

4 Février.

Un train de vivres pénétra dans la capitale, c'était
le premier depuis le 17 septembre. Les lignes de
chemin de fer étant coupées, la plupart des ponts
démolis, le ravitaillement ne put se faire que
très lentement. La famine pourtant n'était plus à
craindre.

Comme conséquence de l'armistice, nous dûmes,
le 1er février, remettre nos cartouches entre les
mains de la municipalité et déposer le lendemain
nos fusils à l'Ecole Militaire. Nos hommes ne
sont plus employés qu'aux démolitions des défenses des postes et à l'enlèvement des canons
de remparts.

5 Février.

Une grande joie nous était réservée, celle de
recevoir la visite de nos amis de Picardie. Mon

frère ayant pu prendre à Clermont un train de ravitaillement, arriva l'un des premiers. Il avait eu la bonne pensée d'apporter avec lui du pain blanc et un gigot qui nous permit de faire le soir un véritable festin.

On conçoit tout l'intérêt que nous eûmes à avoir par lui les détails sur la lutte en province et plus spécialement sur les combats de l'armée du Nord.

Pour traiter de la paix, le gouvernement résolut de faire élire une Assemblée Nationale. L'élection des députés eut lieu le 8 février, l'armée y prit part, les voix des mobiles furent comptées dans leurs départements respectifs.

La liste qui l'emporta dans la Somme fut celle sur laquelle figurait le vicomte de Renneville, commandant le 2e bataillon de mobiles, formant régiment avec nous.

10 Février.

Notre magnifique artillerie de campagne et de l'intérieur de Paris avait été tout entière massée au Champ de Mars et ce fut pour nous un navrant spectacle de voir, le 12, ce matériel de guerre prendre en files interminables la direction de Versailles où il allait servir de trophée à nos implacables ennemis.

Les Allemands s'étaient chargés d'enlever l'artillerie des forts.

A partir de ce jour, nos soldats sont autorisés à

'coucher en ville, n'ayant plus à répondre chaque jour qu'à l'appel de midi.

Le général nous passe en revue. L'absence de toute espèce d'armement donnait à cet exercice militaire le plus lamentable aspect. Nos soldats avaient plutôt l'air de prisonniers que de combattants.

C'est avec tristesse aussi que nous apercevions le drapeau allemand flottant sur les forts.

Grâce à la faiblesse du Gouvernement, l'effervescence grandissait dans Paris. Le parti qui bientôt devait être celui de la Commune se manifestait en arborant publiquement le drapeau rouge. Des groupes d'individus avinés parcouraient les rues, chantant des refrains révolutionnaires et s'efforçant d'entraîner les soldats qu'ils rencontraient.

Je dois dire, à la louange de nos mobiles, qu'aucun d'eux ne pactisa avec ces émeutiers, dont ils avaient été à même dans les tranchées d'apprécier la lâcheté et la félonie. Ceux-ci, d'ailleurs, le comprirent si bien qu'ils attendirent, pour proclamer la Commune, le départ de tous les régiments de mobiles.

D'autre part, comme une des conditions les plus fatales de l'armistice avait été le désarmement des troupes, les révolutionnaires eurent beau jeu pour infliger à notre malheureuse patrie la plus grande honte qu'un pays put subir — la guerre civile sous les yeux de l'ennemi.

L'armistice signé le 26 janvier devait durer vingt et un jours, mais pour permettre les élections et la réunion de l'Assemblée Nationale à Bordeaux, on le prorogea jusqu'au 12 mars. Les Allemands y mirent comme condition l'entrée de leur armée dans la capitale.

1er Mars.

A huit heures du matin, trente mille Allemands, marchant en bataille, pénétrèrent par la porte Maillot, contournèrent l'Arc de Triomphe, descendirent les Champs-Elysées et s'établirent place de la Concorde dont les statues étaient toutes voilées d'un crêpe noir.

Quelques officiers allemands visitèrent même le Louvre. Pendant cette lugubre journée, la ville fut comme plongée dans un immense deuil. Tous les magasins restèrent fermés et les journaux supprimés. Cette horrible situation ne dura heureusement qu'une journée, car, dans la soirée, un télégramme de Bordeaux annonçait la signature du traité de paix dont une des conditions essentielles était l'évacuation immédiate de Paris.

2 Mars.

Les troupes ennemies reprirent donc la route de Versailles. En somme, cette occupation de la capitale avait été assez terne ; elle ne donnait aux vainqueurs qu'une satisfaction d'amour-propre.

Les révolutionnaires s'empressèrent de profiter du départ de l'ennemi pour obtenir du Gouvernement le licenciement d'une partie de l'armée active et le renvoi de la mobile de province. On licencia également les vingt bataillons des mobiles de la Seine.

C'est dans ces conditions que le gouvernement insurrectionnel s'installait à l'hôtel de ville; il fêta son arrivée au pouvoir par d'ignobles saturnales et l'assassinat des généraux Lecomte et Clément Thomas.

Les autres crimes, tels que le massacre des otages, l'incendie des plus beaux édifices de la capitale, sont trop connus pour que j'aie à les raconter.

5 Mars.

Le dimanche parut au rapport l'ordre de départ pour le lendemain. On s'occupa immédiatement et avec empressement, cela se comprend, de tous les préparatifs.

L'effectif disponible du bataillon se trouvait singulièrement réduit. Nous avions quitté Abbeville le 7 septembre avec 1,200 hommes, nous ne rentrions, hélas! en Picardie, qu'avec 750. Pendant le siège, nous avions perdu 250 hommes environ, tués ou morts de maladies; le reste était encore dans les hôpitaux et ambulances.

A six heures du matin nous nous mettions en marche, soutenus par la pensée de revoir enfin le pays; les hommes, malgré le grand état de faiblesse, faisaient encore bonne contenance.

La première halte eut lieu à Noisel et le soir nous arrivions à Persan-Beaumont, après une étape de 32 kilomètres.

7 Mars.

Le mardi, nouvelle marche de 38 kilomètres pour atteindre le petit village de Warlus, près de Beauvais. Cette ville était encore occupée par les Prussiens et nous ne pûmes y entrer.

8 Mars.

Notre première halte fut à Marseille-le-Petit et nous couchions à Grandvillers.

9 Mars.

A midi nous étions à Aumale, que nous quittions le lendemain pour Oisemont où nous arrivions à deux heures et demie de l'après-midi du 10.

11 Mars.

Enfin, nous nous rendions à Pont-Remy, où avait lieu la dissolution définitive du bataillon.

Ce n'est pas sans un serrement de cœur que nous nous séparions, après huit mois d'une existence commune, attristée par les événements que je viens de raconter.

Abbeville. — Imprimerie C. Paillart.

www.ingramcontent.com/pod-product-compliance
Lightning Source LLC
Chambersburg PA
CBHW052154090426
42741CB00010B/2264